JIYU HEXIN SUYANG DE
CHUZHONG WULI SHIYAN JIAOXUE TANJIU

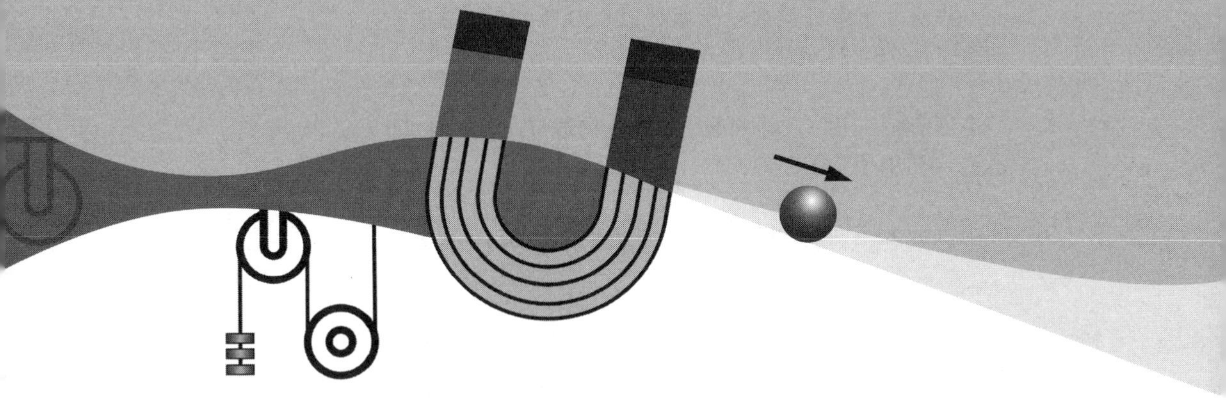

基于核心素养的

初中物理实验教学探究

主　编： 刘维志

副主编： 陈　为

编　委： 李　莉　江荣跃　蹇光文　谢　英　周万夫　王　理
何　林　王清超　杨　洪　王　勇　王　鑫

西南大学出版社
SWUP 国家一级出版社 全国百佳图书出版单位

图书在版编目(CIP)数据

基于核心素养的初中物理实验教学探究 / 刘维志主编. — 重庆：西南师范大学出版社，2020.5（2022.9重印）
ISBN 978-7-5621-9955-7

Ⅰ. ①基… Ⅱ. ①刘… Ⅲ. ①中学物理课 – 实验 – 教学研究 – 初中 Ⅳ. ①G633.72

中国版本图书馆CIP数据核字(2019)第195975号

基于核心素养的初中物理实验教学探究

刘维志　主编

责任编辑： 尹清强
责任校对： 熊家艳
装帧设计： 魏显锋
排　　版： 瞿勤
出版发行： 西南大学出版社(原西南师范大学出版社)
地址：重庆市北碚区天生路2号
邮编：400715
印　　刷： 重庆市国丰印务有限责任公司
幅面尺寸： 170 mm×240 mm
印　　张： 12.75
字　　数： 208千字
版　　次： 2020年5月　第1版
印　　次： 2022年9月　第4次印刷
书　　号： ISBN 978-7-5621-9955-7
定　　价： 48.00元

序

2016年9月13日,北京师范大学举行中国学生发展核心素养研究成果发布会,“核心素养”被正式提出。物理作为基础学科,其核心素养包括四个方面:一是形成物理基本观念,二是掌握科学探究方法,三是形成良好科学思维,四是培养正确科学态度。这四个方面的素养均与物理实验教学紧密相关,故而,物理实验探究素养是物理学科核心素养的基础内容之一。物理实验探究素养要求学生进行真实的实验探究,独立自主地完成物理实验的整个操作过程。因此,初中物理实验探究对有效提升学生核心素养具有重要意义。鉴于此,重庆市江津田家炳中学物理组的老师们对初中物理实验教学进行了认真探究和梳理,从国家级到市级到区级,先后申报了七个与物理实验教学有关的课题。课题组经过潜心研究,辛勤实验,在学习借鉴国内外研究、论著、论述的基础上,总结自身探究成果,完成了本书编写工作,将研究成果奉献给广大初中物理教师和学生,希望对大家有所帮助。

概括起来本书具有以下特点。

一、科学性

本书所揭示的实验教学策略是经过科学实践、探究,总结提炼于一线优秀教师的实验教学并通过证实的教学策略,具有真实性、可行性和有效性。

二、创新性

本书是最新探究思路和成果的体现,其阐述的实验教学探究不同于一般教学方法,没有局限于常规教学环节的介绍,而是注重对实验教学全过程的揭示,注重教学反思和创新实验设计。本书还注重激发学生积极参与和体验,使认知过程与情感过程相互交融,和谐统一,从而实现核心素养的提升。

三、系统性

根据初中物理教材中的实验,本书分门别类地构建了完整、相互联系的教学策略系统、教学反思和创新实验设计。通过本书的介绍，读者可系统地掌握初中物理实验的教学策略。

四、实用性

本书收集了大量的实验教学案例，这些案例均是一线参研教师个人或团队的探究成果。这些参研教师，虽然身处农村地区，但他们所撰写的研究成果、案例、教学反思，把握了时代方向，针对性和实用性很强，值得阅读和借鉴。

本书对全面推进学生核心素养的培养将产生积极作用。本书不仅可作为初中物理教师的教学参考书，也可作为学生实验专题的自学读物。我们衷心期待大家与我们一起开展实验反思，积极创新，进一步实现研究开发的最大价值。

本书由重庆市研究员魏启明担任顾问，刘维志统稿、定稿。本书的出版，首先要感谢课题组全体成员的通力合作及各实验学校领导的重视与教师的积极参与。在此，向他们以及供我们学习、借鉴的单位和个人表示深深的谢意，同时也恳请各位专家和读者提出宝贵的修改意见。

目录 CONTENTS

第一章 核心素养与初中物理实验教学

核心素养兼具稳定性与开放性、发展性，是一个伴随终身可持续发展、与时俱进的动态变化过程，是个体能够适应未来社会、促进终身学习、实现全面发展的基本保障。

有学者指出，核心素养将为中学教育带来六大变化，包括：育人导向更加注重学生理想信念与核心素养的培养；课堂教学更加关注课程建设综合化、主体化发展趋势；实践活动更加关注学生学习体验、动手实践及创新意识的培养；课业负担将会进一步减轻，课后作业形式及总量发生较大变化；学校课程更加贴近学生的生活；未来将更加注重增加国家课程和地方课程的适应性。为了适应核心素养对教育带来的六大变化，我们应该了解核心素养特别是物理学科核心素养的内涵和初中物理教学特别是实验教学对学生核心素养培养的影响。

第一节 学生的核心素养

学生核心素养，主要指学生应具备的、能够适应终身发展和社会发展需要的品格和关键能力。核心素养是关于学生知识、技能、情感、态度、价值观等多方面要求的综合表现，是每一名学生获得成功生活、适应个人终身发展和社会发展都需要的、不可或缺的共同素养。核心素养的发展是一个持续终身的过程，可教可学，最初在家庭和学校中培养，随后在人一生中不断完善。

中国学生发展核心素养以培育“全面发展的人”为核心，分为文化基础、自主发展、社会参与三个方面，综合表现为人文底蕴、科学精神、学会学习、健康生活、责任担当、实践创新六大素养，具体细化为国家认同等十八个基本要点。

文化基础、自主发展、社会参与三个方面构成的核心素养总框架充分体现了马克思主义关于人的社会性等本质属性的观点，与我国治学、修身、济世的文化传统相呼应，有效整合了个人、社会和国家三个层面对学生发展的要求。在实证调查和征求意见中责任担当等六大素养均是各界最为关注和期待的内容，其遴选与界定充分借鉴了世界主要国家(地区)、国际组织核心素养研究成果。

六大素养既涵盖了学生适应终身发展和社会发展所需的品格与能力，又体现了核心素养"最关键、最必要"这一重要特征。六大素养之间相互联系、相互补充、相互促进，在不同情境中整体发挥作用。为方便实践应用，六大素养进一步细化为十八个基本要点。

一、基本内涵

(一)文化基础

文化是人存在的根和魂。文化基础，重在强调能习得人文、科学等各领域的知识和技能，掌握和运用人类优秀智慧成果，涵养内在精神，追求真善美的统一，使人发展成为有深厚文化基础、有更高精神追求的人。

1. 人文底蕴

主要是学生在学习、理解、运用人文领域知识和技能等方面所形成的基本能力、情感态度和价值取向。具体包括人文积淀、人文情怀和审美情趣等基本要点。

2. 科学精神

主要是学生在学习、理解、运用科学知识和技能等方面所形成的价值标准、思维方式和行为表现。具体包括理性思维、批判质疑、勇于探究等基本要点。

(二)自主发展

自主性是人作为主体的根本属性。自主发展，重在强调能有效管理自己的学习和生活，认识和发现自我价值，发掘自身潜力，有效应对复杂多变的环境，成就精彩人生，发展成为有明确人生方向、有生活品质的人。

1. 学会学习

主要是学生在学习意识形成、学习方式方法选择、学习进程评估调控等方面的综合表现。具体包括乐学善学、勤于反思、信息意识等基本要点。

2.健康生活

主要是学生在认识自我、发展身心、规划人生等方面的综合表现。具体包括珍爱生命、健全人格、自我管理等基本要点。

(三)社会参与

社会性是人的本质属性。社会参与,重在强调能处理好自我与社会的关系,形成现代公民所必须遵守和履行的道德准则和行为规范,增强社会责任感,提升创新精神和实践能力,促进个人价值实现,推动社会发展进步,使人发展成为有理想信念、敢于担当的人。

1.责任担当

主要是学生在处理与社会、国家、国际等关系方面所形成的情感态度、价值取向和行为方式。具体包括社会责任、国家认同、国际理解等基本要点。

2.实践创新

主要是学生在日常活动、问题解决、适应挑战等方面所形成的实践能力、创新意识和行为表现。具体包括劳动意识、问题解决、技术运用等基本要点。

二、主要表现

六大素养还具体细化为人文积淀、国家认同、批判质疑等十八个要点,各要点也确定了重点关注的内涵。

(一)文化基础——人文底蕴

1.人文积淀

重点是:具有古今中外人文领域基本知识和成果的积累;能理解和掌握人文思想中所蕴含的认识方法和实践方法等。

2.人文情怀

重点是:具有以人为本的意识,尊重、维护人的尊严和价值;能关切人的生存、发展和幸福等。

3.审美情趣

重点是:具有艺术知识、技能与方法的积累;能理解和尊重文化艺术的多样性,具有发现、感知、欣赏、评价美的意识和基本能力;具有健康的审美价值取向;

具有艺术表达和创意表现的兴趣和意识,能在生活中拓展和升华美等。

(二)文化基础——科学精神

1.理性思维

重点是:崇尚真知,能理解和掌握基本的科学原理和方法;尊重事实和证据,有实践意识和严谨的求知态度;逻辑清晰,能运用科学的思维方式认识事物、解决问题、指导行为等。

2.批判质疑

重点是:具有问题意识;能独立思考、独立判断;思维缜密,能多角度、辩证地分析问题,做出选择和决定等。

3.勇于探究

重点是:具有好奇心和想象力;能不畏困难,有坚持不懈的探索精神;能大胆尝试,积极寻求有效的问题解决方法等。

(三)自主发展——学会学习

1.乐学善学

重点是:能正确认识和理解学习的价值,具有积极的学习态度和浓厚的学习兴趣;能养成良好的学习习惯,掌握适合自身的学习方法;能自主学习,具有终身学习的意识和能力等。

2.勤于反思

重点是:具有对自己的学习状态进行审视的意识和习惯,善于总结经验;能够根据不同情境和自身实际,选择或调整学习策略和方法等。

3.信息意识

重点是:能自觉、有效地获取、评估、鉴别、使用信息;具有数字化生存能力,主动适应“互联网+”等社会信息化发展趋势;具有网络伦理道德与信息安全意识等。

(四)自主发展——健康生活

1.珍爱生命

重点是:理解生命意义和人生价值;具有安全意识与自我保护能力;掌握适合自身的运动方法和技能,养成健康文明的行为习惯和生活方式等。

2.健全人格

重点是:具有积极的心理品质,自信自爱、坚韧乐观,有自制力,能调节和管理自己的情绪,具有抗挫折能力等。

3.自我管理

重点是:能正确认识与评估自我;依据自身个性和潜质选择适合的发展方向;合理分配和使用时间与精力;具有达成目标的持续行动力等。

(五)社会参与——责任担当

1.社会责任

重点是:自尊自律,文明礼貌,诚信友善,宽和待人;孝亲敬长,有感恩之心;热心公益和志愿服务,敬业奉献,具有团队意识和互助精神;能主动作为,履职尽责,对自我和他人负责;能明辨是非,具有规则与法治意识,积极履行公民义务,理性行使公民权利;崇尚自由平等,能维护社会公平正义;热爱并尊重自然,具有绿色生活方式和可持续发展理念及行动等。

2.国家认同

重点是:具有国家意识,了解国情历史,认同国民身份,能自觉捍卫国家主权、尊严和利益;具有文化自信,尊重中华民族的优秀文明成果,能传播弘扬中华优秀传统文化和社会主义先进文化;了解中国共产党的历史和光荣传统,具有热爱党、拥护党的意识和行动;理解、接受并自觉践行社会主义核心价值观,具有中国特色社会主义共同理想,有为实现中华民族伟大复兴的中国梦而不懈奋斗的信念和行动。

3.国际理解

重点是:具有全球意识和开放的心态,了解人类文明进程和世界发展动态;能尊重世界多元文化的多样性和差异性,积极参与跨文化交流;关注人类面临的全球性挑战,理解人类命运共同体的内涵与价值等。

(六)社会参与——实践创新

1.劳动意识

重点是:尊重劳动,具有积极的劳动态度和良好的劳动习惯;具有动手操作能力,掌握一定的劳动技能;在主动参加的家务劳动、生产劳动、公益活动和社会实践中,具有改进和创新劳动方式、提高劳动效率的意识;具有通过诚实合法劳动,创造成功生活的意识和行动等。

2.问题解决

重点是:善于发现和提出问题,有解决问题的兴趣和热情;能依据特定情境和具体条件,选择制定合理的解决方案;具有在复杂环境中行动的能力等。

3.技术运用

重点是:理解技术与人类文明的有机联系,具有学习掌握技术的兴趣和意愿;具有工程思维,能将创意和方案转化为有形物品或对已有物品进行改进与优化等。

第二节　中学物理学科的核心素养

物理学科的核心素养是学生在接受物理教育过程中,逐步形成的适应个人终身发展和社会发展需要的必备品格和关键能力;是学生通过物理学习,内化的带有物理学科特性的品质,是学生科学素养的关键成分。

一、物理观念

从物理学视角形成的关于物质、运动与相互作用、能量等的基本认识,是物理概念和规律等在头脑中的提炼和升华。“物理观念”包括物质观念、运动观念、相互作用观念、能量观念及其应用等要素。

通过中学阶段的学习,学生应形成经典物理的物质观念、运动观念、相互作用观念、能量观念等,能用其解释自然现象和解决实际问题;初步具有现代物理的物质观念、运动观念、相互作用观念、能量观念等,能用这些观念描述自然界的图景。

二、科学思维

从物理学视角对客观事物的本质属性、内在规律及相互关系的认识方式,是基于经验事实建构理想模型的抽象概括过程,是分析综合、推理论证等科学思维方法的内化，是基于事实证据和科学推理对不同观点和结论提出质疑、批判，进而提出创造性见解的能力与品质。“科学思维”主要包括模型建构、科学推理、科学论证、质疑创新等要素。

通过中学阶段的学习，学生应具有建构理想模型的意识和能力；能正确运用科学思维方法，从定性和定量两个方面进行科学推理，找出规律，形成结论，并能解释自然现象和解决实际问题；具有使用科学证据的意识和评估科学证据的能力，能运用证据对研究的问题进行描述、解释和预测；具有批判性思维的意识，能基于证据大胆质疑，从不同角度思考问题，追求科技创新。

三、实验探究

提出物理问题，形成猜想和假设，获取和处理信息，基于证据得出结论并做出解释，以及对实验探究过程和结果进行交流、评估、反思的能力。“实验探究”主要包括问题、证据、解释、交流等要素。

通过中学阶段的学习，学生应具有实验探究意识，能在学习和日常生活中发现问题、提出合理猜测与假设；具有设计实验探究方案和获取证据的能力，能正确实施实验探究方案，使用各种科技手段和方法收集信息；具有分析论证的能力，会使用各种方法和手段分析、处理信息，描述、解释实验探究结果和变化趋势；具有合作与交流的意愿与能力，能准确表述、评估和反思实验探究过程与结果。

四、科学态度与责任

在认识科学本质，理解科学、技术、社会、环境（STSE）的关系基础上逐渐形成的对科学和技术应有的正确态度以及责任感。“科学态度与责任”主要包括科学本质、科学态度、科学伦理、STSE等要素。

通过中学阶段的学习，学生能正确认识科学的本质，具有学习和研究物理的好奇心与求知欲，能主动与他人合作，尊重他人，能基于证据和逻辑发表自己的见解，实事求是，不迷信权威；在进行物理研究和物理成果应用时，能遵循普遍接受的道德规范；理解科学、技术、社会、环境的关系，热爱自然，珍惜生命，具有保护环境、节约资源、促进可持续发展的责任感。

第三节　实验是培养物理学科核心素养的关键

布鲁纳认为，在教学过程中，学生是一个积极的探究者。教师的作用是要形成一种学生能够独立探究的情境，而不是提供现成的知识。我们教一门学科，不是要建造一个活着的小型藏书室，而是要让学生自己去思考，参与知识获得的过程。“认识是一个过程，而不是一种产品。”可见，学习的主要目的不是要记住教师和教科书上所讲的内容，而是要学生参与建立该学科的知识体系的过程。所以，布鲁纳强调的是，学生不是被动的、消极的知识接受者，而是主动的、积极的知识探究者。

物理实验是有目的、有计划地运用仪器、设备，在人为控制条件下，使物理现象反复再现，从而进行认真观测，获取大量资料的一种科学研究方法。物理实验的主要特点有二：一是可控性，二是可重复性。核心素养的培养注重科学探究，实质上是注重真正体现物理学研究过程和方法的物理实验。

物理学科的核心素养在充分体现其共性的前提和基础之上，同时应该全面充分地体现物理学科的特点。采取积极有效的措施以促进学生核心素养的提升，将会对学生综合素质能力的发展起积极促进作用。同时，这也有利于物理教学的发展。物理学科有非常鲜明的实践性特点，这一特点对学生的实验技能水平提出了较高的要求。实验探究素养是核心素养的重要组成部分。实验探究素养要求学生可以进行真实的实验探究，独立自主地完成物理实验的整个操作过程。

初中物理实验教学能发掘实验在培养学生发现、提出问题能力方面的功能；通过实验提高学生制订探究计划的能力，使学生学会从原理、器材、信息收集技术、信息处理方法等各方面来构思探究计划，学会通过查询相关资料来完善探究计划；通过实验让学生体会科学研究中相互合作的必要性，在实验室培养学生科学态度和科学作风。

一、实验与学生的实际生活经验紧密结合，能有效激发学生探索自然的兴趣

在我们日常生活中，充满了各种各样的物理现象。同时，很多物理实验来源

于实际的生活，可以认为是对现实生活的概括和总结。因此，在物理实验教学过程中，教师应该充分调动学生的积极性和主动性，让学生主动去探索和分析现实生活中所遇到的物理现象，并且与课本中的物理知识点紧密结合，从而进行科学合理的实验设计。以生活经验为前提和基础的物理实验，由于其与现实生活之间有着非常紧密的联系，从而能够将抽象的物理理论知识变得直观和具体，可以有效地激发学生探索自然的兴趣。俗话说“兴趣是最好的老师”，兴趣可以激发学生的探索欲望，让学生通过亲身体验，从而全面了解科学探究方法，对学生科学素养的提升起积极的促进作用。

例如，在教学“牛顿第一定律”相关知识时，物理教师可以利用课前准备的奥运会滑冰比赛的视频进行新课导入。

导入过程：

教师：运动员明明已经停止冲刺了，为什么他们还是继续向前滑行一段才慢慢停下来呢？（巧设疑问，引导学生思考）

教师：我想大家在生活中也一定遇到过这种情况，回想一下发生在自己身上的实例。（学生开始回想）

学生1：在乘坐公交车的时候，突然遇到行人横穿马路，司机急刹车，车上的乘客都向前倾倒。

教师：不错！其他学生还有补充的吗？（学生热情高涨）

学生2：骑着自行车在路上狂奔，忽然刹车，向前滑行一段才停下来，轮胎在路上留下了一道痕迹。

教师：大家说的都不错！这就是我们今天要讲的“牛顿第一定律”的主要内容……

设计意图：生活是知识的宝库，生活中到处弥漫着物理的气息。引导学生联系生活实例，从生活现象中去探寻物理知识，化抽象的知识概念为身边实例，生活化的课堂给了学生一种归属感，对学生的学习有促进作用。

二、创新实验过程，让学生更加充分地了解物理观念

物理观念是物理学核心素养的重要内容。在以往传统的教学模式下，教师一般采取“灌输式”的教学模式，直接向学生传授物理知识，忽略了学生自主探究

的过程。在这种情形下,学生无法有效地将理论知识与实验教学有机统一起来。因此,在实际的物理实验过程中,学生对于实验中所体现出的物理内涵以及物理规律等往往缺乏足够的了解,也缺乏自主探究和自主思考的能力。教师必须准确认识这一问题,引导学生在开展物理实验的过程中,改变让学生只是循规蹈矩地按照书本上给定的实验步骤进行验证式实验的传统的教学方式,应该注重充分调动学生的学习能动性,引导学生学会自主思考,并且对实验步骤等进行探索和创新。一方面,教师可以让学生自主去了解实验的目标,从而让学生可以加深对物理理论知识的理解和掌握;另一方面,在实验结束之后,教师应该引导学生对实验进行回顾和总结,对实验过程中出现的问题仔细分析具体原因,使学生有效地将物理概念与实验紧密结合,加深学生对物理观念的理解。

例如,在学生学习“光的折射”这一内容时,教师在引入相关的教学内容后,可以充分发挥小组探究学习的作用,让学生分组对光通过玻璃砖的折射特点进行深入的探索和研究。在开展实验教学的过程中:首先,教师应该让学生明确实验的目的,该实验的目的在于帮助学生理解光从一种物质穿透到另一种物质时的角度变化规律。其次,让学生了解实验操作步骤并且进行实际的动手操作。具体的实验步骤如下:在一张白色纸板上放置玻璃砖,并且让激光通过玻璃砖,对于光的具体传播方向进行观察,同时,利用描点法记录光的传播路径。最后,测量入射角与出射角的度数,并且仔细分析和推导两者之间的关系。最后,将实验的具体结果记录在实验报告中。在实施物理实验教学的过程中,教师应该鼓励学生对实验步骤进行创新。教师可以通过反问的形式激发学生的想象力和创造力。例如,教师可以提出光的折射现象是否可逆的问题。通过设置这种新颖的问题,可以有效激发学生的求知欲,让学生重新独立设计实验步骤,仔细观察光的路径,以探寻其中蕴含的物理规律。

三、重视实验总结环节的重要性,培养学生的科学思维能力

根据核心素养的相关要求,学生要具备一定的科学思维能力。实验后的总结环节,对于学生科学思维能力的形成具有至关重要的作用。学生在进行科学探究的时候,分析与论证、交流与合作是不可或缺的重要内容。分析与论证的具体含义是指学生对实验所得的结果进行仔细的对比分析从而得出自己的实验结论;交流与合作则是指采用全班讨论或者分组讨论的形式,紧紧围绕实验

结果，将实验过程中的具体情况相互分享和交流，吸取他人的优秀经验并且反思自己的不足。在实验结束后的总结环节，可以引导学生将新学的知识与以往的知识点进行对比分析，寻找其中所蕴含的规律，并进行归纳和总结。这将有效地促进学生分析问题和解决问题能力的提升，同时实现提高学生核心素养的根本目标。所以，在物理实验教学过程中，物理教师应该加大对实验总结环节的重视程度。

以“光的折射”为例，学生学习了光的反射的相关理论知识，并且独立完成了玻璃砖的折射实验，教师可以开展实验结束后的总结，引导学生对实验过程进行相应的总结和归纳。对光的折射和反射进行详细的对比，可以得出光反射时，反射光线、入射光线以及法线的位置，反射角与入射角的大小关系，以及光折射时，折射光线、入射光线以及法线的关系，折射角与入射角之间的大小关系等结论。得出上述结论后，首先，教师可以以小组讨论交流的形式，让学生针对实验现象、实验结果展开讨论和学习，每组完成讨论后发表本组的观点，交流本组的学习心得。书本上的物理知识较为抽象，给出的物理规律都较为完整，学生理解和记忆起来可能存在着一定的难度。此时，教师在听取完学生的想法之后，充分发挥自身的引导作用，引导学生将实验过程中所得的规律概括归纳为便于记忆和理解的口诀，帮助学生理解与记忆。同时，学生通过交流可以发现实验过程中的关键点在于入射角与折射角的测量，难点在于用光的折射现象来解释自然界中的现象。

综上所述，开展物理实验教学不仅可以有效地提高学生参与的积极性和主动性，同时可以促进学生核心素养的有效提升。物理教师在向学生传授物理知识的过程中，只有让学生亲自去感受整个实验过程，才能真正地将物理知识和物理规律转化为学生自己的东西。实施物理实验教学，一方面，可以让学生的实际动手能力得到充分锻炼；另一方面，有利于学生对实验结果进行认真的分析、归纳以及总结，真正理解和掌握物理相关理论。因此，教师和学生应该加大对物理实验的重视程度，转变传统的教学理念和教学模式，不断探索和创新教学方法，以寻找最为科学合理的教学方式。

值得注意的是，在实际教学过程中，教师应该充分发挥学生的主体性作用，让学生自主独立地去完成实验，使得学生的分析问题和解决问题的能力得到充分的锻炼和培养，以实现学生物理核心素养提升的根本目的。

第二章 初中物理实验教学策略

物理实验是有目的、有计划地运用仪器、设备,在人为控制条件下,使物理现象反复再现,从而进行认真观测,获取大量资料的一种科学研究方法。物理实验的主要特点有二:一是可控性,二是可重复性。物理实验在教学中有重要的地位:实验是物理教学的重要基础和重要内容,是物理教学的重要方法和重要手段。实验在物理学科核心素养的培养中有十分重要的作用。下面就初中物理实验及实验教学探究进行阐述。

第一节 初中物理实验概况

物理学发展史告诉我们,人类的物理知识来源于实践,特别是科学实验的实践。现代物理学的成就无一不是来源于科学实验。物理教学必须以实验为基础。实验不仅易于激发学生的兴趣,形成正确的物理概念,而且能培养学生用实验的方法去验证和探索问题的能力,提高实验技能,增强学生分析问题和解决问题的能力,加深学生对物理规律的理解。这些作用是其他任何手段所不能代替的。在初中物理教学中,教材中的实验主要分为四类:测量型实验、探究型实验、演示型实验、开放和设计型实验。

一、测量型实验

测量是按照某种规律,用数据来描述观察到的现象,即对事物做出量化描述的行为。测量是对非量化实物的量化过程。

物理学中,测量是指将被测量与具有计量单位的标准量在数值上进行比较,从而确定二者比值的实验认识过程。

初中物理测量型实验主要有直接测量型和间接测量型两种，共14个实验，这些是中考物理实验测试必不可少的组成部分。

(一)直接测量型实验共9个

(1)用刻度尺测长度。

(2)用停表测时间。

(3)用量筒测固、液体的体积。

(4)用天平测物体的质量。

(5)用温度计测水的温度。

(6)用弹簧测力计测力。

(7)用电流表测电流。

(8)用电压表测电压。

(9)用电能表测电功。

直接测量型实验主要针对一些常用物理测量工具的使用方法、读数方法等，而这些知识和技能在课堂教学中已逐步渗入，常用物理测量工具有许多共性。所以只要掌握好其一，便可基本无碍。使用这9种基本测量工具要注意它们的共同之处，并区分它们的不同之处。

(二)间接测量型实验共5个

(1)用刻度尺、停表测平均速度。

(2)用天平、量筒测物质密度。

(3)用刻度尺、弹簧测力计测滑轮组的机械效率。

(4)用电流表、电压表测电阻。

(5)用电流表、电压表测小灯泡的电功率。

这5个实验涉及诸多物理测量工具的使用，也同时具有相应的实验原理。

(1)测物体通过某段路程或某段时间的平均速度实验原理是 $v=s/t$。

(2)测物质密度的实验原理是 $\rho=m/V$ 和排水法。

(3)测滑轮组的机械效率实验原理主要是 $\eta=W_{有}/W_{总}$、$W=Fs$ 及二力平衡。

(4)测电阻的实验原理是欧姆定律 $I=U/R$ 的推导式 $R=U/I$。

(5)测小灯泡的电功率实验的原理有两种：①伏安法的实验原理为 $P=UI$；

②电能表、秒表测电功率实验的原理为 $P=W/t$。

面对测量型实验一定要细心，确保基本的物理测量工具的使用、读数不出错。要在掌握其实验原理的基础上，分析需要测量的物理量和如何测量这些量，然后确定实验器材、设计实验步骤、分析实验注意事项，并会分析实验的误差及其产生的原因，同时还应注意题意的局部拓展性变化。

二、探究型实验

探究型实验指实验者在不知晓实验结果的前提下，通过自己实验、探索、分析、研究得出结论，从而形成科学概念的一种认知活动。探究型实验的目的是通过实验来回答一个感兴趣的问题，激发学生的好奇心，培养科学探究能力，例如探究影响压力作用效果的因素，电流与电压、电阻的关系，等等。

核心素养的一个目标就是学生探究精神的培养，所以现行各版本教材中探究型的问题每个章节都有渗透。探究型试题也已成为当下中考必考试题，而且这类试题大都紧密联系我们的生活实际。

（一）教材中出现的共计14个

（1）探究物质的一种属性——密度。

（2）探究平面镜成像特点。

（3）探究凸透镜成像规律。

（4）探究摩擦力的大小与什么有关。

（5）探究运动和力的关系。

（6）探究液体压强的特点。

（7）探究杠杆平衡条件。

（8）探究动能（重力势能）大小与什么因素有关。

（9）探究物质比热容。

（10）探究影响电阻大小的因素。

（11）探究不同物质的导电性能。

（12）探究电流与电压、电阻的关系。

（13）探究电流热效应。

（14）探究影响电磁铁磁性强弱的因素。

(二)物理课外读物上设计的和各地中考试题中出现的

(1)探究水果电池电压与哪些因素有关。

(2)探究篮球反弹的高度与哪些因素有关。

(3)探究车辆滑行的距离与哪些因素有关。

(4)探究物体承受的压力与哪些因素有关。

……

三、演示型实验

(一)演示实验概念

"演"即根据事理推演展示、表现出来,发挥或者按进程发展。"示"即表明,把事物拿出来或指出来使别人知道。演示即通过一些方式和工具,将信息传达给他人,是一种信息传达的行为方式。在物理教学中,演示实验即利用实验或实物、工具把事物的过程显示出来,让人认识或理解。演示实验贯穿于每节教材,只要用心就能创新。

(二)演示实验分类

1.实验演示

实验演示即通过实验的方式,加以演说或解释。如伽利略落体实验,就是通过实验的方式,来向人们证明物体下落速度与物体重量的关系。

2.实物演示

实物演示即通过实物展示,演示者向他人解释说明。

(三)演示实验原则

演示是信息传递过程中的桥梁。一般来说,演示的标准主要有两条:忠实和简化。

忠实是指忠实于所要传递的信息,也就是说,把原信息完整而准确地表达出来,使他人得到的信息与原信息大致相同。

简化是指简明扼要、明白易懂、重点突出,没有文理不通、结构混乱、逻辑不清的现象。

四、开放和设计型实验

(一)开放型实验

指题设条件不确定、解题方法多样、答案不唯一的实验。这些实验或条件开放,或策略开放,或结论开放,可谓千姿百态。这一类实验,可以激发学生的求知欲,提高学习兴趣,考查学生发散思维能力和创新能力。

题设条件开放型实验,一般特点是条件多余或隐含,求解问题不指明。解题策略开放型实验,主要特点是解答方式不唯一,方法多样。结论开放型实验的主要特点是结论不唯一,答案形式多样。解决此类问题,要求教师在平时的实验教学中,引导学生在日常生活中做个有心人,留心观察各个演示实验及其日常化的实验器材,灵活运用物理知识,充分挖掘隐含条件,准确把握实验的意图和原理。

(二)设计型实验

指根据实验目的和要求,设计研究方案,运用不同于教材要求的实验方法解决同一物理问题。此类实验考查学生运用所学的理论知识进行综合分析、归纳等能力,有一定的难度。

第二节　初中物理测量型实验教学策略

人类的知识许多是依靠测量得到的。在科学技术领域,许多新的发现、新的发明往往是以测量技术的发展为基础的,测量技术的发展推动着科学技术的进步。在生产活动中,新的工艺、新的设备的产生,也依赖于测量技术的发展水平,而且,可靠的测量技术对于生产过程自动化、设备的安全以及经济运行都是不可或缺的先决条件。无论是在科学实验还是在生产过程中,一旦离开了测量,工作必然会有巨大的盲目性。只有通过可靠的测量,然后正确地判断测量结果的意义,才有可能进一步解决自然科学和工程技术上遇到的问题。可见,测量是多么重要。

物理学中的测量是指将被测量与具有计量单位的标准量在数值上进行比

较，从而确定二者比值的实验认识过程。

一、初中物理实验中常用的测量方法

初中物理实验中常用的测量方法有比较法、增减法、精细法、主次法、替代法、平衡法等。

（一）比较法

比较法测量是测量中的基本方法，指在对物理量进行测量时，与标准值进行比较，然后得出被测量物理量的值。

用刻度尺测物体的长度，是将待测物体长度与已知标准长度进行比较。用天平测物体的质量，是将待测物体与已知标准质量的物体（砝码）进行比较，可将标准质量的物体设计成不同规格（砝码），根据实际需要选用砝码或游标，直到比较成功（天平水平平衡）。水银气压计测量气体压强，也是用的比较法：在水银气压计中有一段水银将被测气体与真空隔开，测量时实际是将被测气体与一段水银柱产生的压强进行比较，U形管中水银高度差所产生的压强与被测气体产生的压强相等。用比较法还可以测量灯泡的发光强度，从而比较灯泡的额定功率大小。

（二）增减法

有些物理量，数值较大，超过了测量工具的量程或分度值，不能或不便于直接测量，这时可将这个物理量进行增减，然后再进行测量。

测量高压输电线上电流或电压时，由于电流或电压较大，电力工人用电流互感器或电压互感器，将电流或电压按一定的比例减小到一个较小的值来测量。测量旗杆的高度，可在地面直立一根已知长度的标准杆，分别测量标准杆和旗杆影子的长度，再用几何学中的比例关系，求出旗杆的高度。称量范围较小的杆秤，加上杠杆即可增大称量范围。同种规格的器材，要测量其中的一个物理量，可将它们组合起来测量物理量的总和，再计算出要测量的物理量。如测量同规格的小零件的质量，可数出100个或更多个同种零件，测出它们的总质量，再除以总的数目，就可以得到单个零件的质量。测量细金属丝的直径，可将细金属丝密绕在一个柱体上，测量多匝细金属丝的长度，再除以匝数，可得细金属丝的直径。

这种方法实际上是将一次测量误差分摊到若干次中。

(三)精细法

通过改进测量工具,或改变测量工具的量程,就可以提高测量的精度。如测量液体的体积,可用横截面积较小的量筒,以提高测量精确程度。用多用电表测电阻时,选择适当倍率挡位,如果指针偏角较大,则改选较小倍率挡位;反之,则改选较大倍率挡位。用电流表或电压表进行测量时,也应选择合适的量程,原则上指针所指角度要超过满量程的三分之一。

(四)主次法

一些物理量要求有较高的测量精度,而测量的范围又比较大,仅仅用一个量程的测量工具时,所带来的误差不能符合测量的要求。所以可将测量工具设计成主尺和副尺进行。如游标卡尺,主刻度上读出整毫米数,在可动刻度上读出毫米数的十分位或百分位。螺旋测微器,有主刻度与可动刻度,主刻度上读出整(半)毫米数,在可动刻度上读出毫米数的百分位,估读千分位。天平有砝码和游码,测量时,先读出砝码的总质量,再读出游标上的读数。停表有分钟盘和秒钟盘,秒针转动计时积累到一定量(30秒或60秒)时,再在分钟盘上显示。以上测量结果均为主尺和副尺上的读数之和。主次法的思路主要是将物理量的测量分为两个部分,即较大量与零头量,在同一测量工具中同时进行测量。

(五)替代法

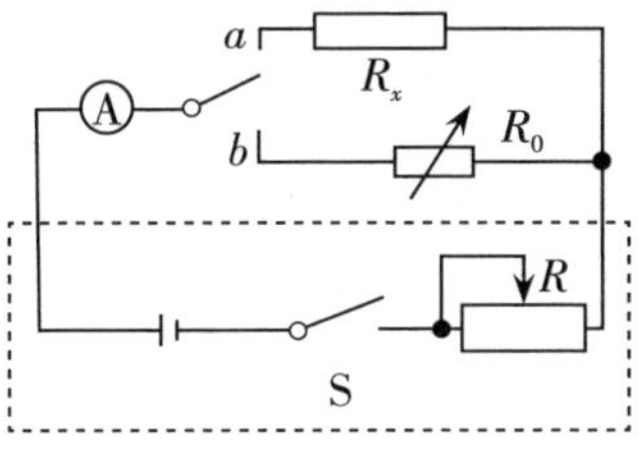

图2-2-1

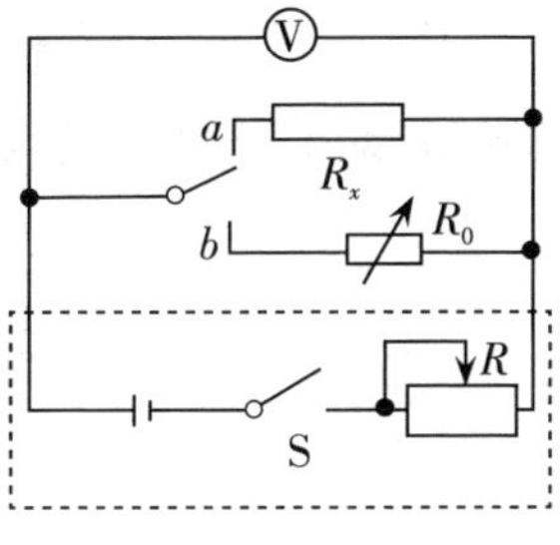

图2-2-2

一个物理量不易测量,或测量时受器材的限制,利用替代法可测量出该物理量。曹冲称象是利用若干小的石头替代一头大象,成功地测出了大象的质量。

在电阻测量中可用标准电阻(箱)替代待测电阻,让通过待测电阻的电流(或电压)和通过电阻箱的电流(或电压)相等。电路如图2-2-1,将单刀双掷开关调到a,闭合S调节R,使电流表读数为I_0,保持R不动,将单刀双掷开关打到b,调节R_0使电流表读数仍为I_0,则电阻箱的读数就是待测电阻的数值。电路如图2-2-2,将单刀双掷开关调到a,闭合S调节R,使电压表读数为U_0,保持R不动,将单刀双掷开关打到b,调节R_0使电压表读数仍为U_0,则电阻箱的读数就是待测电阻的数值。

在平面镜成像实验中,玻璃板后蜡烛的摆放和大小也是通过视觉效果相同进行的。利用替代法要注意使测量对象与标称对象在实验中处于同等的位置。

(六)平衡法

在一些物理情境中,处于某种平衡状态时,就有两个物理量相等或成一定比例,实验中先调节到这种平衡状态,再测量出这个相等的量。

天平是一个等臂杠杆,当左右两个托盘上所放物体质量相等时,天平就会处于水平平衡,于是我们在其中右托盘上放上砝码,天平平衡时,左盘上物体的质量就等于右盘上砝码的质量。测量物质的比热容时,将待测物与一已知比热容的物体充分接触,达到热平衡时,高温物体放出的热量与低温物体吸收的热量相等,只要测量两个物体温度的升降、两个物体的质量,就可以用热平衡定律求出待测物体的比热容。

对物理量测量方法的研究,可以审视我们在初中阶段所做过的实验,从中受到启发。希望这些总结与归纳能为我们初中阶段进行实验设计、改善实验方法、提高实验效率、减小实验误差等提供参考。

二、直接测量型实验的教学策略

初中物理教材(人教版)列出了20个学生必做实验,在这20个实验中有9个直接测量型实验,由此可见,直接测量型实验的教学非常重要。

直接测量型实验是指训练学生使用基本仪器的实验,掌握基本仪器的使用是科学探究中必不可少的。实验不仅能让学生掌握常用基本仪器的构造原理和使用,让学生正确使用仪器进行观察测量和读数,还能激发学生学习物理的兴趣,培养学生实事求是的科学态度和遵守纪律、爱护仪器的优良品质。教材中的直接测量型相关实验有:用刻度尺测量长度,用停表测量时间,用常见温度计测量温度,用天平测量物体的质量,用量筒测量物体的体积,用弹簧测力计测力,用电流表测量电流,用电压表测量电压,用电能表测电功。这些实验都考查了基本工具的使用。对基本工具的使用应达到以下要求。

(一)刻度尺

用途:测量物体的长度。

刻度尺的使用要做到"五会"。

会认:看零刻度线是否磨损;看清量程、看清分度值。

会选:根据被测物体的长度选择合适的刻度尺。

会放:应使刻度尺的零刻度线或某条(整数)刻度线与被测物体的一条边对齐,把刻度尺的一边尽可能与被测物体重叠或平行,不能歪斜。

会读:读数时,视线应与刻度垂直;除读出最小刻度以上各位数字外,还应估读到分度值下一位。

会记:记录的测量数据包括准确值、估读值和单位(没有单位的数据是毫无意义的)。

(二)机械停表

用途:测量时间。

停表的使用要做到"五会"。

会认:认清它的量程、最小刻度值,以便于读数。

会选:选择一个量程合适的停表。

会用:使用停表前首先要上好发条,按压启动按钮,表启动,再次按下该按钮,表指针停止转动,按压回零按钮,分针与秒针都归零。

会读:首先读出小刻度盘中的整分钟数(包括半分钟),然后读出大刻度盘的秒数,将两个读数统一单位后相加即得最后读数。

会记:记录的测量数据包括准确值、估读值和单位(没有单位的数据是毫无意义的)。

(三)温度计

用途:测量温度。

温度计的使用要做到"五会"。

会认:认清它的量程、最小刻度值、零刻度线,以便于读数。

会选:选择一支量程合适的温度计。

会放:温度计的玻璃泡全部浸入被测液体中,不要碰到容器底或容器壁。温度计玻璃泡浸入被测液体后要稍候一会儿,待温度计的示数稳定后再读数。

会读:读数时玻璃泡要继续留在被测液体中,视线与温度计中液柱的上表面相平。

会记:记录的测量数据包括准确值、估读值和单位(没有单位的数据是毫无意义的)。

(四)托盘天平

用途:测量物体质量。

天平的使用要做到"六会"。

会认:认清标尺上的分度值。

会选:选择称量范围恰当的天平。

会放:天平要放置在水平的桌面上。

会调:游码要归零。调节平衡螺母,使指针对准分度盘中央刻度线。

会称:左托盘放称量物,右托盘放砝码。砝码要用镊子夹取,添加时从估计称量物的最大值加起,逐步减小。加减砝码并移动标尺上的游码,直至横梁平衡。物体的质量=砝码读数+游码读数。

会记:记录的测量数据包括数值和单位(没有单位的数据是毫无意义的)。

(五)量筒

用途:测量液体的体积,间接测量固体的体积。

量筒的使用要做到"五会"。

会认:使用前要看清量程和分度值。

会选:选择量程恰当的量筒。

会放:要把量筒放在水平的桌面上。

会读:读数时视线要与量筒刻度垂直。若是凹液面,应以凹液面的最低处为准;若是凸液面,应以凸液面的最高处为准。

会记:记录数据包括准确值、估读值和单位(没有单位的数据是毫无意义的)。

(六)弹簧测力计

用途:测量力的大小。

弹簧秤的使用要做到“五会”。

会认:使用前要看清量程和分度值,指针是否对准零刻度线。

会选:选择量程恰当的弹簧秤。

会放:应使弹簧的伸长方向与拉力的方向在同一条直线上。

会读:读数时视线要垂直刻度板。

会记:记录数据包括准确值、估读值和单位(没有单位的数据是毫无意义的)。

(七)电流表

用途:测量电路中电流的大小。

电流表的使用要做到“五会”。

会认:使用前做到“两看清”——看清量程和分度值。实验室常用的电流表,有两个量程(3 A和0.6 A)。量程为“3 A”时,刻度盘上的每个大格表示1 A,每小格表示0.1 A;量程为“0.6 A”时,刻度盘上的每个大格表示0.2 A,每个小格表示0.02 A。

会选:依据测量需要选择量程恰当的电流表。

会接:电流表串联在电路中使用;电流必须从电流表的正接线柱流入,从负接线柱流出,否则表针将反偏;绝对不能直接把电流表接在电源两端。

会试触:通过试触来判断电路是否接通,若指针不动,电路为开路。通过试触来判断量程选择是否恰当,看指针偏转的角度,若指针偏转的角度太小则量程选择过大;若指针偏转的角度过大则量程选择过小。若电流表指针反偏,说明电流表的正负接线柱接反了。

会读:依据所选择的量程读出每大格和每小格的值。

(八)电压表

用途:测量电路两端电压的大小。

电压表的使用要做到“五会”。

会认:使用前做到“两看清”——看清量程和分度值。实验室常用的电压表有“15 V”和“3 V”两个量程。量程为“15 V”时，刻度盘上的每个大格表示5 V，每个小格表示0.5 V(即最小分度值是0.5 V)；量程为“3 V”时，刻度盘上的每个大格表示1 V，每个小格表示0.1 V(即最小分度值是0.1 V)。

会选：依据测量需要选择量程恰当的电压表。

会接：电压表必须并联在电路中使用。电流必须从电压表的正接线柱流入，从负接线柱流出，否则表针将反偏。可以直接把电压表接在电源两端。

会试触：通过试触来判断电路是否接通，若指针不动，电路为开路。通过试触来判断量程选择是否恰当，看指针偏转的角度，若指针偏转的角度太小则量程选择过大，若指针偏转的角度过大则量程选择过小。若电压表指针反偏，说明电压表的正负接线柱接反了。

会读：依据所选择的量程读出每大格和每小格的值。

(九)电能表

用途：电能表测电功的大小。

电能表的使用要做到“五会”。

会认：认识表盘示数的意义。如“220 V”表示接在220 V电路中使用，“10 A”表示通过电能表的电流不能超过10 A，“50 Hz”表示接在50 Hz交流电路中使用，“600 r / kW·h”表示每消耗1 kW·h的电能电能表表盘转动600转。

会选：根据用电情况选择恰当的电能表。

会接：串接在所测量电路的干路上。

会读：电能表示数最后一位为小数。

会记：前后两次示数之差为这一阶段的用电量。

直接测量型实验在各个主题中都有分布，因此教师从学生刚接触基本仪器——刻度尺时，就应该认真对待，让学生养成良好的习惯，对后续基本仪器的使用能够触类旁通。

传统教学是以讲授法为主，这些实验的教学应采取的策略是突出教师主导、学生主体的理念，以“培养能力，训练技能”为主线设计组织教学，采用自主学习、师生交流讨论等形式，充分发挥教师和学生的作用，充分调动学生的主观能动性。这样不仅可训练学生基本的实验技能，而且能培养学生的阅读能力、收集有用信息的能力和自学能力。

三、间接测量型实验的教学策略

间接测量型实验主要是让学生利用已有的物理概念或物理规律并运用一定的仪器来测定某个物理量。教材中的间接测量型相关实验有：测量物体运动的速度，测量固体密度，测量液体密度，估测自己站立时对地面的压强，测量某种简单机械的机械效率，伏安法测电阻，测量小灯泡电功率，等等。这类实验可以帮助学生学习间接测量的巧妙方法，培养学生设计实验的能力，培养学生基本实验操作技能，让学生了解物理概念和物理量的意义，让学生学会应用物理规律。在这个过程中让学生领悟科学方法，发展实验能力，体验实验乐趣，养成实事求是的科学态度和勇于创新的精神。

这类实验在初中物理实验中也占有相当大的比例，因此有必要认真对待此类实验的教学，这里以人教版初中物理教材中“测量小灯泡的电功率”教学设计片段为例，谈谈在实践中的做法。

师：电功率的公式是什么？根据公式$P=UI$只要知道什么就可以求出电功率？

生思考、回答。

（设计意图：引导学生认识实验原理）

师：要知道这些物理量需要什么测量工具？为了保护电路同时能测量小灯泡在不同电压下的电功率，应该选用什么器材？

生思考、回答。

（设计意图：培养学生利用原理选择实验器材的能力）

师：在课本虚线框内画一个小灯泡，要测量它的电流，电流表与它怎么连接？要测量它两端的电压，电压表与它怎么连接？如何画出电流表、电压表？用滑动变阻器来控制小灯泡的电压和电流，滑动变阻器应怎么连接？同样画出来把电路图补充完整。

生思考、回答、画图。

（设计意图：培养学生设计电路的能力）

师：实验第一步是什么？开关处于什么状态？滑动变阻器的滑片应位于什么位置？第二步应该怎么样连接实物电路？应该注意哪些问题？第三步测量了哪些物理量？应该至少测几次？怎么完成？

生思考、回答。

（设计意图：培养学生设计实验步骤的能力）

师：我们测量的物理量和计算的物理量要填在表格中，那么表格要设计哪些项目呢？要注意什么？

生思考、回答、画表格。

（设计意图：培养学生设计表格的能力）

师巡视指导提醒学生注意开关、滑动变阻器及电表量程的选择等。

生连接电路，测量、观察和记录数据。

（设计意图：培养学生基本实验技能）

师：计算出三次实验的小灯泡电功率，分析小灯泡的亮度与电功率之间关系，得到了什么结论？

生计算、比较、思考。

（设计意图：引导学生认识小灯泡的亮度由实际功率决定，不由额定功率决定）

间接测量型实验的教学策略是紧紧地抓住“实验原理”这一灵魂，从实验原理出发培养学生选择器材、设计电路、设计实验步骤、设计实验表格的能力，通过分组实验培养学生基本的实验技能，通过实验让学生认识物理概念的意义，充分体现以学生终身发展为本，以提高全体学生科学素养为目标，为每个学生的学习和发展提供机会。

第三节　初中物理演示型实验教学策略

演示实验在初中物理教学中具有十分重要的作用。实验时教师要及时引发学生思考，引导学生发现问题，促使他们去探寻答案。新颖有趣的实验问题，特别是学生自己提出的耐人寻味的问题，是学生参与探究活动的基础。即使是一些验证性实验，通过实验表达出来后，也更为生动形象，易于被学生所接受，从而收到事半功倍的效果。

在初中物理教学过程中，演示实验是不可替代的。在德国的物理学界流传着这样一种说法:没有演示实验的一堂课是不可想象的。演示实验具有趣味性、奇异性、灵活性、直观性、简单性、多变性等特点,它往往与生活实际紧密联系。演示实验在课堂教学中可以很好地创设新颖、生动、奇特并富于悬念的物理情境,激发学生的学习兴趣,点燃学生的学习热情,帮助学生理解概念,掌握规律。

近年来有些人提出让学生实验替代演示实验,南京师范大学刘炳昇教授认为这是片面的,加强演示实验与发挥学生的主体作用并不矛盾。他认为,演示实验是物理实验教学的一个重要组成部分,在物理教学中具有相当重要的作用。

一、演示实验的重要性

(一)激发学生学习物理的兴趣

学生对学习的兴趣是积极思维和具有求知欲望的重要前提。初中生的心理特点和物理的学科特点决定了物理教学中必须加强演示实验教学。初中学生的思维仍习惯于靠经验材料判断、分析事物,不善于从理论上进行推导。这就要求教师给学生提供足够的感性材料和活动机会,并加强演示实验教学。初中生心理的另一个特点是好奇心强,喜欢探索自然的奥妙,兴趣广泛、强烈,但缺乏深度和稳定性。如果在教学中不失时机地进行实验就可以激发学生的好奇心,培养他们探索自然的兴趣和献身科学的精神。例如在“大气压”一节的教学中。笔者首先演示母子管实验,在大试管中注入水,将略小的试管放入大试管,然后提问:若手拿大试管倒置,小试管如何?绝大多数学生认为小试管会受重力而掉下。然后进行实验,学生惊奇地发现小试管不但没有掉下,反而在大试管中的水往下滴的同时,缓缓上升。学生感到疑惑不解,这时笔者就及时点拨:是什么使得试管缓缓上升的呢?是大气压。学习了“大气压”这节课我们就可以解释这一现象。又例如,在学习“物体的浮沉条件”前,笔者将一铁块与一木块分别放入水中,引导学生思考:为什么铁块下沉,而木块上浮?在生活中,很多学生认为,铁块比木块重,自然而然地想到两者的密度不同,认为密度大于水的物体一定会下沉。为了验证学生的猜想,可从易拉罐上剪下金属皮,轻轻放入水面,果然下沉。此时,有的学生总结到,密度大于水的物体都会下沉。而将金属皮做成盒状再次放入水中,学生发现金属皮漂浮在水面上了。实验现象与学生认知发生了冲突,使得学生迫不及待地想知道其中的缘由。此时教师因势利导,必然会收到事半功倍的教学效果。

初中学生在刚接触物理时，都有一种新奇感。这种好奇心如果得不到及时培养，可能很快就会消失。所以，要通过各种有效途径，利用身边物品开发更多的演示实验。特别是"科学之旅"这一节，一定要做好实验演示，让学生对物理感到新奇，在今后的教学中利用演示实验将学生的这种新奇感转化为持久的学习兴趣。我们应充分利用实验的奇妙现象，使其成为激发学生学习兴趣的重要手段，利用新奇、有趣的实验，保持学生的新鲜感，培养学生初步的学习兴趣。例如在教学欧姆定律、电阻时，为了帮助学生掌握导体电阻跟导体温度有关。物理教师可以自己制作一个简易实验——"酒精灯点亮灯泡"。

上课之前将实验工具酒精灯、导线、干电池、灯泡、玻璃条等准备好。

实验方案：利用导线将灯泡和玻璃条进行串联，与干电池相连。

教师诱导：同学们！你们见过酒精灯点亮灯泡吗？(吸引学生的目光)

学生齐声回答：没有。

实施过程：使用酒精灯对玻璃条持续加热，不一会儿，灯泡亮了。(课堂活跃起来)教师顺势进行诱导教学……

教学实践表明，枯燥乏味的说教已经很难激发学生的兴趣，该设计可以让学生亲自参与知识的获取过程，可提升物理教学的可接受性，激发学生的探究欲望，为一堂高效的物理教学课奠定基础。

（二）激发学生动手动脑，提升主动学习能力

课堂学习活动中，实验不论大小，都有利于学生动手动脑、主动学习。有些小实验常常被忽视，其实做好小实验恰恰是培养学生持久的学习兴趣的有效途径。这些小实验让学生发现和学到知识的同时，还可以培养学生的思维能力、动脑动手的能力和习惯，让学生意识到实验可以在课堂上做，课后也能利用简易材料自己做，并且还能从中发现不少问题，把这种兴趣贯穿于学习过程的始终。物理教学中必须加强演示实验教学，所以在物理教学中把概念、规律通过演示实验教授，将直接促进学生对概念、规律的理解。举个例子，笔者有一次深入学校听课的过程中观摩了一节精彩的课，课上老师用气球与钉了很多钉子的木板来演示压强与压力、受力面积的关系。老师先准备一个吹大的气球和两块同样的木板，其中一块上钉满了钉子，另一块上只钉了几个钉子。当把气球放在一个大烧杯上，再把钉满钉子的木板压在气球上时，学生们都十分担心。因为凭借他们的

经验,这么多钉子压在气球上,只要稍加压力,气球立刻会被尖锐的钉子扎破。大家都非常紧张地注视着老师,但当老师往木板上慢慢地由少到多增加重物时,气球并没有被压破。同学们都非常好奇!而当老师用同样的方法将另一块钉了很少钉子的木板放到气球上时,“啪”的一声,气球爆了。这个实验立刻引起了学生们浓厚的兴趣。这样的巧妙设计抓住了学生的好奇心,也为后来的学习提供了素材,加深了学生对知识的理解。我们可以利用身边物品来完成许多物理实验,实验器材若能够让学生自己动手制作,在一定的基础上能够培养学生的实践能力,还能够让学生更好地构建相关理念,从而激发学生动手动脑、主动学习的激情。

(三)帮助学生记忆

从记忆角度分析,结合实验讲解的物理规律远比单纯的语言讲解留下的印象更深刻、久远。有人做过实验:一幢华丽的大楼,你看一眼再复认时,不用语言表达,便能认出。而让你读一遍作家对这一大楼的文字描述后,再去复认这一指定的大楼时,始终比不上你看一眼来得真切。

(四)演示实验是物理课堂教学的主阵地

演示实验教学既是物理知识教学的基础,也是物理课堂教学中实施核心素养教育及创新教育的主要阵地和有效手段,所以它理应成为物理教学的核心。演示实验与直观教学,与分组实验、课外活动相比有一定的区别。演示实验的基本方式是教师演示实验过程,展示物理学现象,引导学生观察、思考、分析实验现象,得出结论。也可以由学生来演示,同学们在课下自己进行。演示内容不仅包括教材规定要演示的实验,还应包括教师根据教学需要自行设计的演示内容,以及实验标本、投影片等。

演示实验的好处是形象、直观,能快速切入主题,深受学生欢迎。同时演示实验也可揭示事物的来龙去脉,引发学生思考等。另外,演示实验可以解决实验器材不足的现实问题,只需要一套装置就能满足全班学生观察需要;在教学中的目标比较明确,能够比较清晰地传授教学内容。演示实验能很好地配合讲授或课堂讨论,对提高教学质量有重要作用。

然而,由于长期受应试教育思想的影响,物理演示实验教学未受到应有的重视而成为物理教学短板。我们应加大演示实验教学力度，提高教学效果以推进素质教育，促进学生非智力因素的发展，既要继承，又要创新，让学生受益。

二、演示实验教学的几个环节

（一）演示前

1.要做好充分准备

演示实验作为一种教学手段，是教师备课的重要内容，需要认真研究和准备。如果轻视课前演示实验的准备工作，往往会造成演示失败或出现意想不到的情况，以致在课堂上手忙脚乱，最终只好“强行”让学生接受结论，教学效果很不理想。例如，一教师做空气压缩引火实验时，用上一年做的实验器材。上一年做实验很成功，于是这一次他就把原有的器材直接拿去上课，结果未能把棉花引燃，原因是活塞的胶垫老化了，密封不严。一教师在做碘的升华实验时，为了简便，用打火机给玻璃管加热，打火机燃烧产生的黑色烟雾把玻璃管熏黑了，影响观察固态碘的升华现象，同时也影响了观察碘蒸气凝华成的碘颗粒。一教师做探究水的沸腾实验时，酒精灯的火焰不大，半天烧不开水，导致实验未能成功。在上“物体的浮沉条件及应用”一节内容时，为了说明物体的悬浮条件，笔者将要演示课本中的实验，即将小瓶子装水后，放入水中，不断地调节瓶中的水量，使瓶重与浮力相等，小瓶子处于悬浮状态。但这个实验的关键是要调节瓶内的水量，差之毫厘，瓶子就无法悬浮。笔者曾见过某老师花了近十分钟，反复调节瓶中的水量，总算使小瓶悬浮起来。笔者心想，反正是在学校上课，多花上几分钟，总能演示成功吧。带着这样的侥幸心理，笔者走进了课堂。结果在演示小瓶在水中悬浮状态时，实验出了麻烦，笔者反复用注射器调节水量，都无法让小瓶子悬浮在水中，心里着急窝火。因此要有必要的备用器材。例如做空气压缩引火实验，我们试好两套空气引火仪，放在实验盒中备用，以防因为意外而使实验无法进行。如演示串、并联电路的实验时，要考虑到万一某灯泡灯丝断了怎么办，因此要准备好备用的小灯泡带入课堂。

造成演示实验失败的原因是多方面的。主要是思想认识存在问题，有的对实验教学不重视或持怀疑态度，有的是疏忽大意，以为实验内容简单，以前做过或曾看见别人做过，还有的是怕麻烦，这些都是演示实验教学的大忌。教师在课前第一要准备好与实验有关的全部仪器、材料。第二要在课前反复操作，直到熟练，对于在实验中可能出现的故障做到心中有数并能及时排除。第三是掌握演示时间，注意与教学进度紧密配合。第四要考虑除大纲和教材中规定的演示实验外，还可以适当补充哪些小实验，或对现有的实验做必要的改进，以提高教学效果。例如在讲解蒸发吸热这一问题时，教师可用方座支架、小烧瓶、细玻璃管、有色水和小烧杯等组装一个伽利略气体温度计，用它来演示蒸发吸热现象比直接用普通温度计演示更清晰、直观。第五是要考虑在演示过程中如何引导学生观察，启发学生思维，最大限度地发挥演示实验的作用。

2.器材布局美观合理

如测量密度的实验器材有量筒、烧杯、天平、砝码，测量电功率的实验器材有电源、开关、导线、滑动变阻器、电流表、电压表等。实验器材摆放要合理，要便于拿放，便于操作。

3.有安全防护意识

热学中探究水的沸腾不要把热水打翻，不要烫伤。做内能转化为机械能的实验时，瓶口不能对着人，以免塞子冲出时砸伤人。使用220 V电源做实验时，插拔电源要拿住插头，拔插头时不能抓住线扯，要注意用电安全，以免造成触电事故。探究质量与重力的关系、测滑轮组的机械效率时，要注意不让钩码掉下来砸在脚上。

4.实验前适当介绍是关键

介绍实验装置，介绍器材的构造、使用方法、原理、注意事项，以及实验目的、实验过程、要得到的结论等。

（二）演示中

1.重视实验的导入

科学的实验导入可以使学生产生强烈的求知欲望，从而激发学生的学习兴趣。我们应创设实验情境，提供新奇、多变的现象让学生产生好奇心，从而促使他们积极思考，解决其中的疑问。

2.有的演示实验可让学生亲自做

其实，老师在做演示实验的时候，学生非常想亲自做。有时，不妨让学生亲自做，给学生意外的惊喜。如做灯泡发光、电路的串联和并联、马德堡半球实验、磁场的相互作用、用振动的音叉溅起水花等实验，都会提高学生学习物理的兴趣，让学生获得成就感，让学生更加热爱物理。

3.让学生和老师一起做实验

有的实验，老师可让学生与自己一起做，一方面帮助完成实验，另一方面也能激发学生的学习兴趣，让学生获得深刻的体验，增强学习效果。如演示探究电阻与哪些因素有关的实验，可让一至两个学生上台和老师一起操作。

4.注意实验的可见性，实验中讲究"三度"

可视度。实验时尽量提高实验的可视度，以增强实验的可信度。如做空气压缩引火实验，压缩空气引火仪非常小巧，若放在讲桌上做，只能使前面小部分的同学看到。为了提高可视度，如果老师把凳子放在讲桌上，再把引火仪放到凳子上，就可使全部同学都能看到实验现象，也就很好地提高了实验现象的可信度。对实验进行"化水平为竖直"的处理，也可以增大实验的可视度。例如磁感线的演示，先将铁屑均匀地撒在玻璃板上，并置于磁铁上，通过连续轻微地敲击玻璃板，使铁屑在磁场中逐渐有序排列。这样实验虽然完成了，但只进行了平面展示。如果事先准备好一张大小合适的稍厚的白纸，在一面涂上胶水，利用白纸上的胶水将玻璃板上铁屑粘住，就可以进行竖直展示了。竖直展示增大了实验的可见度，增强了教学效果。要想提高实验的可视度，最好是改进实验装置和方法。当然，随着科技的进步，也可以利用现代信息技术来提高实验的可视度。

亮度。光学部分的教学，都要讲究光的亮度，暗了学生看不见或看不清楚。教学中投影仪的使用也应该注意亮度。

角度。如演示振动的音叉溅起水花、磁体周围的磁感线，为了让每个学生都能看得见，老师可拿着实验装置走到学生当中做，甚至在教室里巡回演示给学生看。老师还应注意基本测量工具读数时的角度。

5.注意观察记录

要随时提醒学生观察实验现象，记录实验数据，启发学生思维，最大限度地发挥演示实验的作用。

6.实验操作要规范

操作规范是指教师在使用仪器，连接和装配仪器及演示现象时动作要准确、标准。例如，在使用托盘天平时，取用砝码、移动游码必须用镊子而不能用手；点燃酒精灯时要用火柴，不能用酒精灯对接；火柴用完后火柴头不能随手扔在地上，要放在专门的垃圾箱中；酒精灯用完后熄灭火焰时要用灯帽盖灭，而不能用嘴吹灭；等等。还有，在连接电路时应断开开关，先接线路后接电源；要将导线两端接头拧成一股，弯成一弯儿后，在接线柱上绕的方向应同螺母旋紧的方向一致；拆卸电路时先断电源，后拆线路；等等。教师的一举一动都会给学生留下深刻的印象，对学生起着潜移默化的影响。教师的规范操作，不仅是实验成功的前提，而且会使学生养成严谨求实的良好实验习惯。

（三）演示后

1.及时收好实验器材，并置于安全位置

这是安全的需要，也便于下次使用。

2.及时组织分析，归纳，总结，得出结论

在总结时，要根据实验精心设计问题，如：你在这个实验中，观察到了什么？你在这个实验中发现了什么？你觉得要做好这个实验要注意哪些地方？你觉得这个实验哪些地方还不完善，还可以改进？这些问题，都有助于对实验的归纳总结，使实验更加完满。

三、演示实验教学的注意事项

1.不能过早展示实验器材

过早展示实验器材，会分散学生注意力。实验要有导入环节，这样能够激发学生的兴趣，调节课堂气氛。如做微小形变实验，一开始就把器材展示出来，学生就去关注器材了，而不能认真听老师的导入以及对实验的介绍。

2.演示动作不能太快

演示动作太快，学生没有看清实验现象，来不及观察和记录，实验就结束了，不能达到实验的效果。

3.不能弄虚作假，拼凑数据

即使实验未能达到预期的目的，数据不合逻辑，也要尊重客观事实，找出失败的原因，为下次实验总结经验。

4.不能否定学生的观察结果

对学生的观察结果，要做出客观的评价，不能一概否定。即使学生的观察是不准确的，也要给学生说明原因，做出合理的解释。一概否定学生的观察结果，只会打击学生的学习积极性。

5.实验用语要准确

教师在介绍实验仪器、阐述实验过程和总结实验结论时，语言必须准确。有的教师在进行演示实验时不注意语言的准确表达，就会对学生正确认识仪器、形成概念、掌握定律产生不良的影响。例如在称呼仪器名称时就有三种错误现象：一是随意更改仪器名称，如将滑动变阻器称为电阻器，将斜面小车称为木板小车等。二是将类似的仪器混为一谈，如将圆筒测力计、平板测力计称为弹簧秤。三是方言和普通话夹杂使用，对仪器的读音不准。其他如在叙述实验结论时将"同名磁极相互排斥"说成"相互推斥"，将阿基米德原理中的"重力"说成"重量"，等等。

6.不能唱独角戏、不让学生参与配合

演示实验不能先由教师做给学生看，再讲给学生听，使演示与讲解脱节。这种做法忽视了学生学习的主动性，把学生当作被动接收的"仓库"，完全没有发挥出演示实验的作用，是不可取的。教师要在演示的同时引导学生观察，不断启发提问，让学生分析、讨论，充分调动学生学习的积极性，使实验结论合情合理地被推导出来。还可以让学生参与实验，如让学生上前读数或动手。例如在演示马德堡半球实验时，先让班上两个"大力士"上来拉，不能将两个半球拉开，然后打开活塞，让空气进入半球，再让两个力气最小的学生来拉，却很轻松地将两个半球分开了。两相对比，说明大气压强不仅存在，而且还不小，全体学生都会留下深刻的印象。

做好演示实验，需要考虑学生主动性的发挥，这种主动性的发挥不是形式上的动手，而是引导学生将观察和思考紧密结合起来。在演示过程中，教师要指导学生认真观察，引导学生积极思考，鼓励学生主动发表自己的观点，这样可以有效地培养学生的观察能力，提高学生的思维能力，提升学生分析和解决问题的能力。如何加强实验教学，提高实验教学效果，激发学生的求知欲望，培养学生的综合素质，值得我们去继续探索。例如进行漏斗吹乒乓球的实验时，老师事先让学生预估结果的可能性，站在学生的视角记录好结果可能性的范畴，与学生共同进行有效实验，通过实验从失败到成功的不断演化，告诉学生实验发生的过程理论。同时为学生留足思考准备时间，对学生的各种质疑进行合理、耐心的解答，让学生自主分析失败原因、总结成功经验，最终得出正确的实验结论。

7.做好演示实验，提倡和鼓励利用身边物品进行物理实验

做好演示实验，提倡和鼓励利用身边物品进行。我们建议实验所用器材选取应贴近生活，这样就会让学生感到亲切，有利于克服学生的排斥心理，能够更好地达到实验目标。同时，实验器材若能够让学生自己动手制作，在一定程度上能够培养学生的实践能力，还能够让学生更好地构建物理表象。通过仔细地观察整个实验流程，学生对知识的理解会更为深刻。一方面，有效地解决了学校实验器材不充足的问题；另一方面，也提高了实验模式的多样性与层次性，激发了学生的实验兴趣。

要大面积提高初中物理教学质量，培养学生的核心素养，真正实现由应试教育向素质教育的转化，就必须在物理教学中加大演示实验教学的力度，充分重视演示实验教学的各个环节，让演示实验发挥出最大的价值。

第四节　初中物理探究型实验教学策略

一、初中物理探究型实验教学简介

探究型实验指实验者在不知晓实验结果的前提下，通过自己实验、探索、分析、研究得出结论，从而形成科学概念的一种认知活动。探究型实验的目的是通过实验来回答一个感兴趣的问题，激发学生的好奇心，培养其科学探究能力。

初中物理探究型实验教学的相关思想最早可以追溯到苏格拉底的“产婆术”和孔子的启发式教学。而为初中物理探究型实验教学奠定了思想基础的是法国教育家卢梭，他提出了人生来就有探究欲望的观点。美国教育家杜威最早提出了“问题学习法”，主张用探究性的方法学习科学，还概括出了科学探究的五个步骤。杜威提出的五个步骤使初中物理探究型实验教学从理论层面向实践层面推进了一大步。施瓦布认为探究性学习是指这样一种过程：学生在对客观事物进行探究的过程中，通过自身积极主动的思维活动，自主地参与知识的获得，发展探究意识和掌握研究自然所必需的探究能力，同时形成认识自然所必需的科学概念，进而培养探索未知世界的积极态度。

二、初中物理探究型实验教学的理论支撑

美国芝加哥大学施瓦布教授以“科学的本质是不断变化的”为前提，最早提出了“探究性学习”方法。他在“作为探究性实验的科学”和“探究性实验教学”理论的基础上建构了研究性学习理论。他主张不能把科学知识当作绝对的真理教给学生，而应作为有证据的结论，教学内容应当呈现学科特有的探究性实验方法，如解决问题的方法、探究性实验叙事等。初中物理教师应当用探究性实验的方式来教授知识，学生也应通过探究性实验活动展开学习，即在学习科学的概念原理之前，先进行探究性实验活动，再根据自己的探究提出科学的解释。

建构主义教育理论十分重视学生的主体性，重视发挥学生的积极性与主动性，并认为学习不是被动地接受信息的刺激，而是主动地建构意义，是根据自己的经验背景，对外部信息进行主动选择，通过新旧知识经验间的反复的、双向的相互作用而获得自己的意义。在探究型实验教学模式中，学生是学的主体，教师是教的主体，教师是整个教学活动的设计者、组织者和引导者。教师的主导地位不能削弱。教师对问题理解的深度、广度以及解决问题的速度等，一般都强于学生。初中物理探究型实验教学是在初中物理教师的启发引导下，学生积极主动地完成知识建构的过程。教师启发式地教，学生探究性地学，两者的有机统一构成初中物理探究性实验学习。建构主义教育理论认为教学的意义是指导发展，而不是跟在发展的后面发生影响。这些都为初中物理探究型实验教学模式奠定了理论基础。

三、初中物理探究型实验教学的重要意义

首先，开展初中物理探究型实验教学能很好地改变现阶段物理教学的现状。很多初中物理教师在教学过程中，为了迎合中考，只对考试范围内的知识、实验进行讲解，忽视了其他实验的教学和开展。而初中物理探究型实验教学的开展能很好地解决这一问题。

其次，开展初中物理探究型实验教学在一定程度上能增加现代物理教学的趣味性，在实验过程中激发学生的学习兴趣和学习积极性。物理知识的教学过程是一个由易到难的过程，因此，越到后面学生就越会感到学习困难，最终可能丧失学习物理的信心和兴趣。而初中物理探究型实验教学能很好地将这个问题

解决，在实验过程中加入一些有趣的环节，能有效增强物理学习的趣味性。例如在学完“杠杆原理”后，可鼓励学生在课后充分利用废弃材料开展探究性实验——自制杆秤。实验材料包括：筷子(1根)、圆形托盘(1只，可用药瓶盖代替，直径在5 cm左右)、铜螺丝(1个，1 g左右)、耐拉细线。教师可以通过图片展示，介绍制作步骤，包括制作秤盘、秤砣、秤杆、提纽、准星。通过开展这样的探究实验，能够很好地激发学生学习物理的兴趣，引导学生在实践中发现问题、分析问题。教师可以对学生自制的杆秤进行试验和评比，对一些杆秤，找出其不足，鼓励学生改进和创新，力求使其更加精确。这样的教学形式新颖活泼，既贴近生活又潜移默化地培养了学生的创新意识。

再次，开展初中物理探究型实验教学能加强学生的主体地位，符合现代初中生的心理需求。新课改提出，教师在教学过程中，要重视学生的主体地位，同时，也要对学生起正确的指导和帮助作用。只有真正将课堂的主动权还给学生，学生才能真正有效地融入课堂的学习过程中。因此，在进行初中物理探究型实验教学的过程中，教师要充分尊重学生在课堂上的主体地位，在教学内容和目标的设计、制订过程中要充分考虑学生的心理需求和实际学习情况，以便更好地达成教学目标。对于大多数初中生来讲，学习物理还存在一定的难度，这就需要教师正确引导，在对教学内容进行选择时要尊重学生的特点，使学生对物理学习有更大的兴趣，全面提升初中物理的教学效率。例如，在“研究电流和电压、电阻关系”时，在设计实验电路，分析实验数据得出探究结果等环节可实行小组合作学习，各小组通过协调员、读题员、记录员、操作员等角色，在不同的学习任务中，完成各自的学习目标。当然角色还可以轮流互换，这样既分工明确，秩序井然，又能使个人的特长得以充分展现和彼此协调。在整个学习过程中，做到“人人有事做，事事有人做”，让学生在做的过程中学，在学的过程中做，让小组同学之间互相帮助，互相补充，团结协作，共同进步。

最后，开展初中物理探究型实验教学提升了学生的参与度、开放性。初中物理探究型实验教学的一个重点环节就是实验。随着这项教学方式的应用，物理课堂中的实验也逐渐增多，很多学生之前完全没有接触过的实验也被搬到了讲台上进行讲解。通过这种方式，学生的兴趣将大大提高。教师在这个过程中也需要注意，当课堂上的实验增多之后，一定要加强实验的开放性，教师甚至可以邀请学生到讲台上进行实际操作，让学生感受实验的具体过程，而不是单纯地看实验结果。通过实际操作，学生能很好地掌握实验的步骤和环节，学习的兴趣和质量必然会得到十分明显的提升。同时，物理教师也可以给学生提供一些机会，如让学生在课堂上自己做实验，对实验结果进行观察和分析，并结合所学习到的物理知识对原理进行解释。这种方式不仅有助于学生对实验过程的掌握，同时也可以让学生对结果有更直观的了解，对其今后进行物理学习有十分重要的影响和帮助。

四、初中物理探究型实验教学的原则

初中物理探究型实验教学模式要遵循“学、序、思”三个原则。

所谓“学”是指教师要研究学生，研究学法。备课时，教师不仅要认真钻研教材，还必须研究学生遇到这些问题时，将会怎么想、怎么做，进而思考如何引导学生打开思路。总之，教法要受学生支配，服务于学生，按初中物理探究型实验的规律去教才会使学生主动探究。

所谓“序”是指探究要让学生循序渐进，要使学生善于挖掘自身知识和思维的潜力。“序”，就是把未知转化到已知，由新忆旧，化抽象为具体，由一般举出特例，把复杂分解为简单，“序”到已知和已有能力的基础上。“序”是探究法的主要特征之一。“序”的目的是为了循序渐进、打开思路，“序”的关键是转化。

所谓“思”是指解决问题，学会思考。“思”的关键是思考。学生思维的主动性发挥出来了，思路开阔了，必然出现“思”的形式，其中有正确的，也有错误的，这就需要进行比较评价，择优集中。对错误的要正视，要引导，要以错为鉴。这就要善于调节学生，调节过程，使课堂有张有弛，有进有退，有快有慢，相辅相成。学生学会调节，才能学会学习，学会探究，才能领悟理论。指导学生思考，就要发挥教师的主导作用，及时进行反馈调节，引导学生思维集中，组织检验评价。

五、初中物理探究型实验教学的操作程序

实验探究能力是指人类在认识事物的过程中善于发现问题，并通过实验、观察、探究分析问题，设计实验方案解决问题的能力。它往往与一个人的动手能力和思维能力有关，主要体现在敏锐的观察力、较强的动手能力、善于思考分析的能力等方面。探究型实验教学是一种在教师引导下学生独立完成并发现知识过

程的活动，在应用这种模式时，要求教师有目的地选择重演与再现内容。物理实验教学中极为重要的组成部分是合理利用探究模式培养学生的实验能力。物理课程标准提出了一种让初中学生必须掌握的最为基本的科学思维程序：提出问题—猜想与假设—制订计划与设计实验—进行实验与收集证据—分析与论证—评估—交流与合作。这种思维程序的完成对提高学生的实验能力至关重要，因此我们只有从以下几个方面进行培养，才能更好地达成目的。

（一）激疑设疑

这一阶段是指根据教学的要求，利用教材或学生已有知识经验，启发学生提出问题，或由教师归纳学生关心的问题，提出初中物理探究型实验的课题。由于提出的问题关系到整个初中物理探究型实验过程的意义和价值，因此问题必须有针对性、实用性和解决的可能性。这一阶段的目的是明确解决什么问题，其作用是定方向。在教学中要求问题具有吸引力，以利于研究活动的准备。激疑设疑的时间不长，一般占整个教学过程的10%左右。

（二）强化动机

提出问题和定向以后，并不是每个学生都能自觉地、积极地投入探究性实验活动中。这就需要教师强化学生的内在动机，调动学生的积极性和主动性。因此，应强调解决所提出问题的重要意义和必要性，使学生的学习动机从单纯兴趣向自觉探究转化。在教学中，这一阶段要求具有感染力和激发力，以利于探究活动的展开。这一阶段时间一般占整个教学活动的10%左右。

（三）分步探究

这是初中物理探究型实验教学过程中最重要的阶段。它在提出问题和强调问题的基础上着手解决问题，使学生明确怎么去解决问题。在教学中，这一阶段要求具有说服力，以利于探究活动的深入。这一阶段占整个教学过程的80%左右，具体又可分为以下四步。

第一步：制订计划与设计实验。中心内容是明确怎么解决问题，即明确解决问题的要领。其作用在于促使学生领悟方法，时间约占分步探究阶段的10%。

第二步：进行实验与收集证据。这一步的中心工作是逐步深入解决问题，进行活跃的探究活动。其作用在于引导学生试用方法，时间约占分步探究阶段的50%，是探究过程的中心环节。

第三步：分析与论证。这一步的中心内容是学生自行解决问题，即运用上一步中获得的经验、数据举一反三解决类似或相关的问题。它是探究成绩的巩固，又是探究效果的检验。其作用在于帮助学生学会方法，时间约占分步探究阶段的30%。

第四步：交流、评估。中心内容既要总结探究活动的基本收获，得出结论，又要为学生今后解决类似或相关问题引路。其作用在于进一步让学生牢记方法、注意事项等，时间约占分步探究阶段的10%。

下面以“平面镜成像”的教学设计为例说明。

一、设计思想

1. 通过探究，使学生经历基本的科学探究过程，学习科学探究方法，发展初步的科学探究能力，领略物理课教学的特点和魅力。

2. 该课的重点是：在“探究”和“设计”的过程上，通过“探究像与物是否等大”（实验目的）→比较虚像与物的大小→找一个跟物体完全相等的物体与像比较大小→思考怎样才能同时观察到像与物体完全相等→把平面镜改为玻璃板继续实验（实验基本思想方法）的过程，从而有意识、有目的、有针对性地训练和提高学生思维的灵活性和技巧性，开拓学生思维，培养其发散思维能力。

二、教学策略与手段

（一）教学方法

1. 实验探究法（学生自主探究）。

2. 学案引导法。

3. 任务驱动法。

（二）教学手段

1. 观察。

2. 学生分组实验。

3. 交流合作。

三、课前准备

教具：平面镜、玻璃板、蜡烛（2支）、刻度尺、打火机、记号笔、魔盒。

学具：平面镜、玻璃板、铁夹子（2个）、蜡烛（2支）、打火机、白纸、刻度尺，共8组。

四、教学及活动过程

（一）新课引入

魔术表演，引入新课。

教师表演魔术：盒中变物。

揭秘：利用了镜子成像特点来完成魔术。

指出：我们把表面平整光滑的镜子叫平面镜，平面镜中看到的景象称为“像”。

板书：“平面镜成像”。

（二）新课教学

1.提出猜想：平面镜成像有什么特点呢？（教师不做任何暗示，让学生充分想象）

（学生讨论、归纳）可能有下列猜想：

（1）成虚像；（2）像与物等大；（3）像与物到平面镜的距离相等；（4）像与物左右相反。（允许有不正确猜想，这有利于激发学生的发散性思维）

2.制订计划与设计实验。

如何来探究像与物的大小是否相等呢？（明确探究目的）（老师给学生思考空间，学生思考、分析、讨论、归纳）

我们采用什么方法来验证像与物是否相等呢？（设疑：比较像与物的大小）

找一个跟镜前物体完全相同的物体与像比较。（明确探究方法）

3.进行实验与收集证据。

同学们先用平面镜试试看行不行。

同学们成功了吗？有什么障碍？

从平面镜的正面看见了像，想把完全相同的蜡烛放到平面镜后面的像位置上，从平面镜的背面，只看到另一个完全相同的物体，而看不见像，所以无法比较像与物的大小。

为什么像不见呢？（学生思考、讨论）

平面镜成的像不是真实存在的。

有没有真实存在的像？你们见过吗？

小孔成像,像是光线投射到光屏上形成的。

老师演示小孔成像实验。

平面镜成的像是不是由实际光会聚而成的呢?(设疑,体现学生的主体地位,发挥学生的主观能动性)

不是的,平面镜的背面有一层漆,光线是不能透射过去的。

小结:好!由实际光线会聚而成的,能够用光屏接收到的像,叫实像,而平面镜成的像是光屏接收不到的,不是真实光线相交而成的像,所以叫作虚像。怎样才能同时看见像和另一个完全相同的物体?

(学生思考、分析、讨论、归纳)

要同时观察到像和另一个完全相同的物体,必须要让物体通过镜面的反射光线和另一个完全相同的物体射出的光线都能进入人眼。

好!我们看见在平面镜内成的虚像是由于物体射出光线(或反射)经过镜面的反射进入人眼的。怎样才能同时看见镜后的替身物呢?(激疑)

必须使平面镜后面的蜡烛射出的光线透过平面镜进入人眼。

非常好!那么现在镜后的替身物射出的光线为什么没有透过平面镜进入人眼?(激疑)

被涂在平面镜后面的漆挡住,光线无法透过平面镜。

那么怎么办?

把涂在镜后的漆刮掉。

想一想,有没有其他办法?

换成平滑的玻璃板。

好!现在我们拿出平滑的玻璃板,再选择器材试一试。

(学生选择器材进行实验)

先在玻璃板前放一个物体A,然后再把另一个完全相同的物体B放在玻璃板后面。左右移动物体B使它与像完全重合,这样我们就可以证明像和物的大小是否相等了。

同学们还有其他意见吗?

看来大家都一致赞同他的方案,那么现在同学们都一起动手来做一下,看像和物的大小到底是否相等。不是很清楚的同学在做实验时可以参照老师大屏幕上的实验步骤来进行。

哪一小组来说说你们小组得出的结论是什么？

很好，同学们，你们的结论跟他们一样吗，有没有不同的结论？

非常好，通过实验，同学们都得出了相同的结论，那就是像和物的大小的确是相等的。

板书："像和物大小相等"。

（学生主动积极探索实验，几经挫折，实验成功后表现出了异常喜悦的成就感）

4. 实验验证：像与物到镜面的距离相等，它们的连线与镜面垂直。

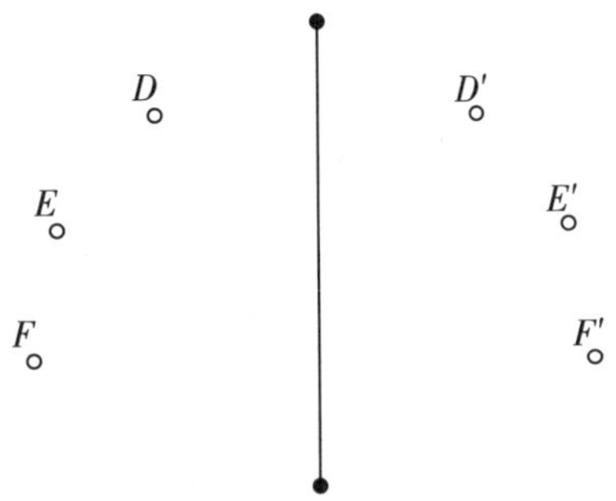

把上面实验放在白纸上做，把玻璃板竖直放在白纸的线上，把点燃的蜡烛放在 D 点，在玻璃板的另一侧，把另一支相同的蜡烛左右移动使它与像完全重合，记下该点为 D'。改变点燃的蜡烛的位置，重做上述实验两次。如图所示。

分析实验记录：

（1）量出每次实验中物和像到玻璃板的距离。

（2）连接每次实验中物和像的位置，观察连线与镜面的关系。

得出实验结论。

5. 交流与评价。

（1）同学们各自的探究结果是否相同？

（2）关于平面镜成像的特点还有哪些猜想？准备怎样去验证？

学生课后自己探究：

（1）改变物体与平面镜的距离，像的大小是否改变？

（2）平面镜所成的像与物体是左右相反的吗？

五、课堂小结

（一）平面镜成像的特点

1. 成虚像。

2. 像与物等大。

3. 像与物到平面镜的距离相等。

4.像与物左右相反。

(二)科学探究的过程

1.提出问题。

2.猜想与假设。

3.制订计划与设计实验。

4.进行实验与收集证据。

5.分析与论证。

6.评估。

7.交流与合作。

在上述“平面镜成像”的教学中,通过魔术展示,将学生带到创设的问题情境中,达到了撞击思维、激发学生探究欲望的目的。教学理论认为:问题是思维的动因,是探究的起点,只有发现问题,才能积极寻求解决方法。因此,本节教学把平面镜成像设计成探究实验课,按照科学探究的模式完成探究,取得了不错的效果。

在猜想与假设环节,把各组学生的猜想总结在黑板上,为后面实验明确目标。设计实验时,培养学生设计实验方案、选择实验器材的能力,进而培养学生的创新精神和创新能力。进行实验时,各组相互交流在实验中遇到的困难及解决的方法,提供自己的成功经验,找出实验的不足。学生通过亲身体会,产生认知冲突,再联系已有信息,解决冲突,突破探究过程中的难点。

把实验记录表格设计成导学案的形式,使教学与高效课堂联系起来。剖析平面镜成像原理时,通过让学生感受虚像,然后利用现代化教学手段从理论上分析,突破教学难点,符合从感性到理性的认知规律。通过巩固练习,使学生及时进行知识反馈,提高学生分析问题和解决问题的能力。用先进信息技术开拓学生视野,将探究活动延伸到生活,培养学生的探究意识。最后,让学生自己总结得出结论,加深对问题的理解,培养学生归纳问题的能力。

本节只强调平面镜成像具有“像物等大”“像物等距”,不讲成像的对称性。教材设计的实验表格里,强调了该实验在不同位置做三次,这对学生科学态度的养成十分有益。为了让学生更确切地理解虚像,单靠教师在课堂演示,学生很难体会。因此,安排学生在教师的指导下亲自动手操作,在实验中让学生把手指放在成像的烛焰处感受有无烧痛的感觉,再让学生在镜后放一张白纸作为光屏,从边上看屏上有没有像，和小孔成的像进行比较，使学生明白实像和虚像的区别。从巩固练习中发现学生对平面镜成虚像的知识是否已有深刻的理解。通过作图测量、分析，让学生自己得出平面镜成像特点，在探究中拓展学生团队合作和交流能力，培养学生实事求是的态度和勇于探索的精神。这比单纯教师演示效果要好些。

不足之处：引导学生进行实验时，老师高估了学生的能力，相当一部分学生不能参与交流讨论，尤其在设计实验方案环节，实验只提供了蜡烛一个物品，可以另外加上其他物品如大头针等来完成实验。尽管完成了教学任务，得出了实验结果，但感觉学生的思维能力、解决问题能力、动手能力较差，需要老师更多的指导，创设更多的机会，以培养他们的探究能力、创新能力、动手能力。

六、初中物理探究型实验教学应用建议

探究型实验教学模式改变了传统的教师讲授、学生接受的单一的知识传递局面，让学生自己寻找解决问题的办法，自己寻求问题的答案。因此，教师在探究型实验教学中要特别重视开发学生的智力，发展学生的创造性思维，培养自学能力，力图通过学生自我探究引导学生学会学习和掌握科学方法。在探究型实验教学中，教师主要扮演的角色是引导者，调动学生的求知欲和积极性，促使学生能够自己去发现问题、提出问题、分析问题进而解决问题，培养学生的探究能力。在学生的探究过程中，教师要适时进行指导，帮助学生解决在探究过程中遇到的困难，为学生的探究提供帮助。

同时，在探究过程中，教师要创造有利于探究教学的环境。受传统教育形式的影响，学生习惯了授受式的教学，对于探究式教学，部分学生可能会有一定的惰性，心理准备不足。因此，教师要在班级中营造一种探究的氛围，为探究教学做好思想上的准备，从而促进探究的开展。

在探究型实验教学中，学生是课堂教学的主人，他们要根据教师提供的条件，思考探究的问题，明确探究的目标，掌握探究的方法，打开探究的思路，交流探究的内容，总结探究的结果。因此，在探究型实验教学中，教师要充分发挥学生的主体作用，要从学生的实际出发，运用多种教学方法调动其探究欲望，提高其探究能力。

第五节 初中物理实验教学常用方法

物理是一门以观察、实验为基础的学科。在初中物理实验教学过程中，最常用的研究方法有观察法、控制变量法、累积法、转换法、等效替代法、类比法、科学推理法等七种方法。下面我们来具体谈一谈这七种方法。

一、观察法

简单地讲，观察就是仔细地看。但它和一般的看不同，观察是人的眼睛在大脑的指导下进行的有意识、有组织的感知活动，亦称科学观察。人们的许多物理知识是通过观察和实验，认真地记录、总结数据和思索得来的。初中物理实验教学中许多处涉及观察法，例如：著名的马德堡半球实验，通过观察几匹马拉不开半球，证明了大气压强的存在。水的沸腾实验，在使用温度计前，应该先观察它的量程，认清它的刻度值。实验过程中要注意观察水沸腾前和沸腾时水中气泡的上升过程、温度计在沸腾前和沸腾时的示数变化。在学习声音的产生时可让学生观察小纸片在扬声器中的运动状态，观察正在发声的音叉插入水中激起水花。观察蟋蟀、知了鸣叫时的情况，就会发现发出声音的物体都在振动。除此之外，还有光的反射规律、光的折射规律、凸透镜成像、滑动摩擦力与哪些因素有关等实验都涉及观察法的应用。

二、控制变量法

控制变量法是指讨论多个物理量的关系时通过控制其中几个物理量不变，只改变其中一个物理量，从而将其转化为多个单一物理量影响某一个物理量的问题的研究方法。这种方法在实验数据表格上反映为某两次实验只有一个条件不同。若要研究的问题是物理量与某一因素是否有关则应只使该因素不同，而其他因素均应相同。例如，在研究导体的电阻跟哪些因素有关时，就可以采用控制变量法。即每次须挑选两根合适的导线，测出它们的电阻，然后比较，最后得出结论。为了研究导体的电阻与导体长度的关系，应选用材料和横截面相同的导线；为了研究导体的电阻与导体材料的关系，应选用长度和横截面相同的导线；为了研究导体的电阻与导体横截面的关系，应选用材料和长度相同的导线。如研究影响力的作用效果的因素，研究影响液体蒸发快慢的因素，研究影响液体内部压强大小的因素，研究动能和势能的大小与哪些因素有关，研究琴弦发声的音调与弦粗细、松紧、长短的关系，研究物体吸收的热量与物质的种类、质量、温度的关系，研究电流与电压、电阻的关系，研究电功或电热与哪些因素有关，研究通电导体在磁场中受力与哪些因素有关，研究影响感应电流的方向的因素等均可采用此法。

研究内容	控制变量过程	结论	总结出规律
电流与电压、电阻的关系	①控制电阻(导体电阻不变)，改变导体两端电压，观察电流变化情况	电阻一定时，经过导体的电流随导体两端电压增大而增大	通过导体的电流与导体两端电压成正比，与导体的电阻成反比
	②控制电压(导体两端电压不变)，改变导体的电阻，观察电流变化情况	电压一定时，经过导体的电流随导体电阻增大而减小	
影响电阻的因素	①控制导体材料、温度、横截面积，改变导体的长度	导体的电阻随长度的增加而增大	导体的电阻与导体的长度、横截面积、材料、温度有关
	②控制导体材料、温度、长度，改变导体的横截面积	导体的电阻随横截面积的增大而减小	
	③控制导体长度、温度、横截面积，改变导体材料	导体的电阻随材料的改变而改变	
	④控制导体材料、长度、横截面积，改变导体的温度	导体的电阻随温度的升高而增大(不绝对)	

续表

研究内容	控制变量过程	结论	总结出规律
影响滑动摩擦力大小的因素	①压力一定，改变接触面的粗糙程度	接触面越粗糙，滑动摩擦力越大	滑动摩擦力大小与接触面的粗糙程度、压力有关
	②控制接触面的粗糙程度，改变压力	滑动摩擦力随压力的增大而增大	
影响液体蒸发快慢的因素	①控制液体温度、液体表面上方空气流动速度，改变液体表面积	液体表面积越大，蒸发越快	液体的蒸发快慢与液体表面积大小、液体表面上方空气流动速度、液体温度有关
	②控制液体表面积、温度，改变液体表面上方空气流动速度	液体表面上方空气流动越快，蒸发越快	
	③控制液体表面上方空气流动速度和表面积，改变液体温度	液体温度越高，蒸发越快	
影响液体内部压强大小的因素	①控制液体密度、深度，改变受压方向	液体内部压强与方向无关	$p=\rho gh$
	②控制液体密度、受压方向，改变液体深度	深度越深，压强越大	
	③控制受压方向、深度，改变液体密度	密度越大，压强越大	

续表

研究内容	控制变量过程	结　论	总结出规律
影响液体浮力大小的因素	①控制液体密度、物体浸入液体的深度，改变物体浸入液体中的体积	物体浸入液体中的体积越大，浮力越大	$F_{浮}=\rho_{液}gV_{排}$
	②控制物体浸入液体中的体积、物体浸入液体的深度，改变液体密度	液体的密度越大，浮力越大	
	③控制液体密度、物体浸入液体中的体积，改变物体浸入液体的深度	浸入液体中的深度越深，浮力越大	
影响压力作用效果（压强）的因素	①控制受力面积，改变压力	压力作用效果（压强）与压力成正比	$p=F/S$
	②控制压力，改变受力面积	压力作用效果（压强）与受力面积成反比	
影响电功的因素	①控制电流、电压，改变通电时间	电功与通电时间成正比	$W=UIt$
	②控制电流、通电时间，改变电压	电功与电压成正比	
	③控制通电时间、电压，改变电流	电功与电流成正比	

续表

研究内容	控制变量过程	结论	总结出规律
影响电磁铁磁性大小的因素	①控制电磁铁线圈匝数，改变通过电磁铁电流的大小	电流越大，磁性越强	电磁铁磁性大小与通过电磁铁电流的大小、电磁铁线圈匝数有关
	②控制通过电磁铁电流的大小，改变电磁铁线圈匝数	电磁铁线圈匝数越多，磁性越强	
影响电流热效应的因素	①控制通过发热体的电流、时间，改变导体电阻	电阻越大，发热越多	$Q=I^2Rt$
	②控制发热体电阻、通电时间，改变通过发热体的电流	电流越大，发热越多	
	③控制通过发热体的电流、电阻，改变通电时间	通电时间越长，发热越多	

要求：每次实验只能让一个变量变化，其他变量保持不变，就能得出所探究的物理量与该因素的关系。运用这种方法要注意它的结论必须是：在因素1、因素2不变的情况下，某物理量与因素3具有什么样的关系。例如，在接触面粗糙程度不变时，压力越大，滑动摩擦力越大。学生在实践中最容易把前提漏掉，这一点务必要注意。

三、累积法

累积法是指在测量微小量的时候，常常将微小的量累积成一个比较大的量。如：

（1）测量铜丝的直径先把细铜丝在铅笔上紧密排绕N圈（N的数值根据情况确定），再用刻度尺测量细铜丝直径总长度，然后用线圈直径的总长度再除以N。

（2）在测量一张纸的厚度的时候，我们先测量100张纸的厚度，再将结果除以100。

相似的实验还有测一个大头针、一张邮票的质量，测量心跳一下的时间等。

四、转换法

物理学中对于一些看不见摸不着的现象或不易直接测量的物理量，通常用一些非常直观的现象去认识或用易测量的物理量间接测量，这种研究问题的方法叫转换法。初中物理在研究概念、规律和实验时多处应用了这种方法。例如：测不规则小石块的体积转换成测排开水的体积（阿基米德原理）；在测量滑动摩擦力时转换成测拉力的大小（二力平衡原理）；测量大气压强时无法直接测出大气压的值，转换成测被大气压压起的水银柱的压强（托里拆利实验）；在研究物体吸热能力（比热容）时，通过温度计示数判断热量的多少；在研究磁铁的磁性时，通过磁铁吸引的铁钉数量来判断磁性的强弱；等等。

现以转换法在声学教学中的应用来说明这个问题。学生在日常生活中随时随处都能够听到各种声音，如汽车声、说话声、物体发出的声音等，但是若让学生采取办法去测量这些声音的大小就会有一定的难度。这就需要物理教师转换教学思路，利用转换法指导学生开发能够自己动手测量声音大小的方法，帮助学生掌握科学知识。例如，在开展“声音的产生与传播”一课教学时，笔者给学生提了一个问题：用什么办法可以让桌子发出声音？学生听了提问以后，大部分都认为桌子是不能发出任何声音的。这时笔者就引导学生拿出一个小纸片放在自己桌子上，然后自己向桌子拍打几下，观察小纸片出现什么现象。学生按照笔者说的操作后，说拍打桌子时，小纸片会随着跳起。这时候笔者就把教材的内容结合实验现象对学生开展教学：这种现象表明桌子是可以发出声音的，并且在发出声音的时候还会振动。

转换法是研究初中物理的常用科学方法之一。通过对历年来的中考题分析发现,对转换法的考查曾经以多种形式频频出现在考题中。因此,培养学生善于运用转换法去分析、解决问题是教学的重点,同时,对培养学生的科学探究精神、实践能力和创新意识大有帮助。转换法可以贯穿于初中全阶段的物理实验教学,还能够帮助物理教师有效开展各类实验研究工作,进一步优化教学内容,促使学生更好地理解、掌握教材知识。

注意:这类方法的应用在教材中是很多的。因为要研究的物理量已经转化为其他物理量,所以,学生的理解往往会偏离主题,教师一定要加强引导。

五、等效替代法

等效替代法是在保证效果相同的前提下,将陌生复杂的问题变换成熟悉简单的模型进行分析和研究的思维方法,它在物理学中有着广泛的应用。如研究串联、并联电路关系时引入总电阻(等效电阻)的概念。在串联电路中把几个电阻串联起来,相当于增加了导体的长度,所以总电阻比任何一个串联电阻都大,把总电阻称为串联电路的等效电阻。在并联电路中把几个电阻并联起来,相当于增加了导体的横截面积,所以总电阻比任何一个并联电阻都小,把总电阻称为并联电路的等效电阻。在电路分析中可以把不易分析的复杂电路简化成较为简单的等效电路。在研究同一直线上的二力的关系时引入合力的概念。在平面镜成像的实验中,由于我们无法真正测出物与像的大小,所以利用了一个完全相同的另一根蜡烛来等效替代像的大小,从而验证物与像的大小相同。

六、类比法

类比是一种推理方法,不同事物在属性、数学形式上有相同或相似的地方就可以用类比推理。类比法是提出科学假说做出科学预言的重要途径,物理学发展史上的许多假说是运用类比法创立的。开普勒就曾经说过:“我们珍惜类比推理胜于任何别的东西。”

例如水压与电压、水流与电流类比:

	水路	电路
示意图	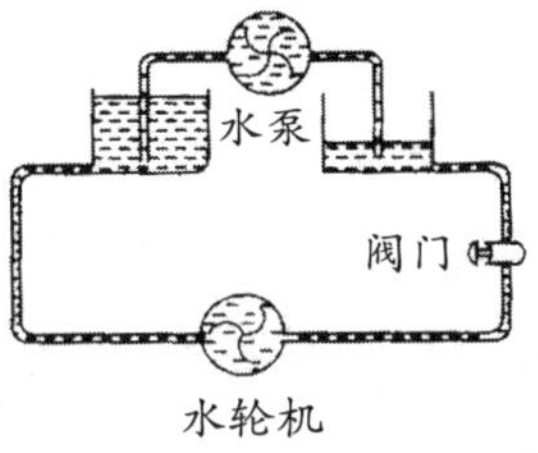	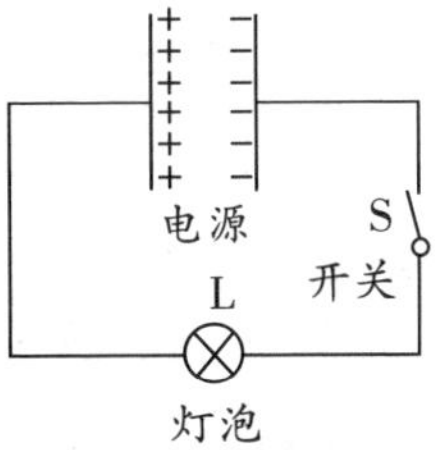
组成	水泵(保持一定水压) 水管(传输水流) 水轮机(利用水能的设备) 阀门(控制水路通断的开关)	电源(保持一定电压) 导线(传输电流) 灯泡(用电器) 开关(控制电路通断的器件)
要点	水泵$\xrightarrow{\text{保持}}$水压$\xrightarrow{\text{形成}}$水流	电源$\xrightarrow{\text{保持}}$电压$\xrightarrow{\text{形成}}$电流
说明	"电压"和"水压"之间有区别,"电压"并非"电的压力"	

在物理学中运用类比法可以引导学生自己获取知识,有助于提出假说进行推测,有助于提出问题并设想解决问题的方向。类比法可激发学生探索的意向,引导学生进行探索,发展学生的思维能力。类比法是科学家最常运用的一种思维方法,由这种方法得出的结论虽然不一定可靠,但是,在逻辑上却富有创造性。

七、科学推理法

所谓科学推理法又叫"假想实验""抽象的实验"或"思想上的实验",它是人们在思想中塑造的理想过程,是一种逻辑推理的思维过程和理论研究的重要方法。科学推理法虽然也叫实验,但它同真实的科学实验是有区别的,真实的科学实验是一种实践活动,而科学推理法则是一种思维的活动。前者是可以将设计通过物理过程而实现的实验,后者则是由人们在抽象思维中设想出来而实际上无法做到的实验。但是,科学推理法并不是脱离实际的主观臆想。首先,科学推理法是以实践为基础的,是在真实的科学实验的基础上,抓住主要矛盾忽略次要矛盾对实际过程做出更深入一层的抽象分析。其次,科学推理法的推广过程是以一定的逻辑法则为根据的,而这些逻辑法则都是从长期的社会实践中总结出来并为实践所证实了的。例如:在进行牛顿第一定律的实验时,当我们把物体在越光滑的平面上运动,运动距离就越远的知识结合起来,我们就推理出,如果平面绝对光滑物体将永远做匀速直线运动。在做真空不能传声的实验时,当我们发现空气越少传出的声音就越小时,我们就推理出,真空是不能传声的。

科学推理法在自然科学的理想研究中有着重要的应用。但是,科学推理法也有其局限性,科学推理法只是一种逻辑推理的思维过程,它的作用只限于逻辑上的证明与反驳,而不能用来作为检验正确与否的标准。

第三章　初中物理实验教学评价

初中物理教学评价对学生物理成绩的反映和学生成果的反馈来说都是不可或缺的重要环节，其中，物理实验教学评价对学生动手能力和自主探索能力的反映是最有效，也是最直接的。因此，加强初中物理实验教学评价工作，关乎初中学生物理学科核心素养培养和评定。而现阶段，很多初中物理实验评价过于死板。核心素养背景下如何开展科学的物理实验评价，值得所有物理教师加以思索。本章主要对如何进行实验教学评价和分析进行阐述，从而促进实验教学在物理学科核心素养培养中发挥更好的作用。

第一节　初中物理学业评价标准

课程改革的理论和实践表明，改革的成败往往取决于实施的情况，而对学生学业的评价是考查课程实施状况的一个非常重要的环节。随着基础教育课程改革的深入推进，许多新的评价理念逐渐为广大中学物理教师所接受。但面对升学考试的压力和多年的教学习惯，实践中的评价仍基本以“知识与技能”为核心。虽然新课程理念提出了“三维”课程目标。但是在实践中，“过程与方法”“情感态度与价值观”目标的评价往往因为难以操作而流于形式。

学业评价是对学校教育目标实现程度进行评估的重要手段，要做出评估，就应该有一个评估的标准，这就是评价标准。具体来说，学业评价标准规定了学生应该达到的学业水平，即学生达到评价目标体系所规定的程度以及对该程度的定量说明。学业评价关注的是学生通过学校学习所获得的学业成就，而非由遗传和成长环境所决定的能力倾向和个性倾向，学业评价标准是对学生在不同学段所应达到的学业成就（学习结果）的描述，阐明学生在经过一定时间的学习后应该知道什么、能够做什么(评价标准),以及通过什么方法(评价方法建议)、获得哪些证据(学生活动或作业)来判断学生是否达到了相关要求。学业评价标准是针对所有学生提出的合格标准,是绝大多数学生经过努力可以达到的标准。学业评价标准对课程标准进行细化和量化,与课程标准共同指导教学与评价,学业评价标准的建立有助于教师遵循课程标准进行教学与评价,有利于提高日常对学生评价的信度和效度,从而为教师和学生提供更有效的反馈信息,有利于使考试命题更加符合课程标准,并为国家基础教育质量监测提供依据。

一、学业评价标准制定的指导思想

学业评价的根本目的与核心宗旨是促进学生的发展。根据新课程“重发展”“重过程”“重主体”的基本理念,学业评价标准秉承如下指导思想。

(1)以《国家中长期教育改革和发展规划纲要(2010—2020年)》和《基础教育课程改革纲要(试行)》为指导思想,以提高基础教育质量为目的,进一步深化教学与评价的改革。

(2)兼顾不同学校、不同班级的学生,促进各地基础教育教学质量的均衡发展。

(3)尊重学生个性,激发学生潜能,促进全体学生的共同发展。

(4)一方面为教师提供教学与评价的支持,另一方面保留教师发挥其专业智慧的空间,做教师专业发展的助推器。

二、学业评价标准设计原则

(1)以课程标准为依据,对课程标准的目标要求进行细化,使之成为可操作、可测量,以及能够深化教学与评价改革的有力工具。

(2)建立在充分的科学研究基础之上,综合采用发展心理学、教育心理学、心理测量学、课程评价等领域的知识、理论和方法,分析借鉴国内外已有的相关成果,并以学校实地采集的数据加以验证,必要时对课程标准进行有文献依据或实证依据的调整。

(3)全面评价学生的素质,在准确评价学生基础知识和基本技能的同时,高度重视学生高层次思维能力(如探究能力,以及在真实情境中应用知识解决实际问题的能力)的评价;引导教师在关注学习结果的同时,关注学生的学习过程,如学习习惯、学习策略、学习动机、学习兴趣等；引导教师探索对学生情感态度与价值观发展的评价。

(4)体现评价与教学的整合，使评价融于教学过程之中，为教学提供支持，促进学生的学习。体现真实评价、情境化评价的取向，提供多种表现性评价的方法，而非局限于纸笔测试，通过评价方法的多元化促进学生的全面发展。

三、学生学业成绩评价中应注意的几个问题

从现代学生的基本要求出发，在学生学业成绩评价中还应注意以下问题。

(一)做好测验编制工作

在学生学业成绩评价中，以笔试为手段的评价主要有两种形式：标准化测验和教师自编测验。其中标准化测验指采用系统、科学的程序编制的，具有统一标准，并对误差做了严格控制的测验。教师自编测验是根据教学的需要，教师自行设计和编制的测验。相对于标准化测验，教师自编测验确实存在一些缺点，如试题未经预测，试卷质量不易保证，在测验过程中可能会存在较大的误差等。但是，由于教师自编测验在编制试卷和组织实施上简单易行，适应性强，因此教师自编测验作为平时收集评价信息的主要手段仍大量采用。

虽然教师自编测验不像标准化测验那样要求严格，但不能作为降低质量的借口。相反，教师应根据自编测验的特点，不断地总结经验，提高测验编制的水平，使通过测验收集的评价信息准确、全面。为达到这一目的，第一，测验题目必须紧扣教育目标，不应出偏题、怪题。评价目的和教育目标的要求是测验编制的主要依据，不必人为规定题目的难易度，不能为了提高学生的成绩而降低难度，也不能为了增加区分度而提高题目的难度。第二，测验题目应有较广泛的覆盖面。如果题目代表性不强，覆盖面过小，就可能丢失许多信息，收集的评价信息也不能如实地反映教学状况和学生发展的实际水平，评价结论就不能准确中肯，评价也就不能发挥其诊断问题、改进教学、鉴定学生发展状况的功能。测试内容不一定都是教材中讲过的内容。

(二)正确认识和处理学生学业成绩评价中的分数

在现代学生评价中如何认识和处理分数，是关系到现代学生评价能否真正

发挥作用的关键。在我国现行的学生评价中，分数制度以百分制为主，以60分为及格。近几年，由于人们对以分数为中心的学生评价制度的批评越来越多，有人提出以等级分制来取代百分制，以便从根本上消除分数的消极影响。

关于由百分制到等级分制的改革，目前仍存有争议。赞成的人认为：第一，等级分制改革使学生评价更为合理，有利于在评价结构中淡化认知领域的评价，改变在学生评价中过分倚重认知领域，轻视非认知领域的现象；第二，等级分制淡化了分数竞争，使学生有时间、有氛围发展个性特长，有利于学生的全面发展；第三，有利于教师在观念上由应试教育向素质教育转变；第四，有利于促进学校教学和管理的改革；第五，有利于促进初中就近入学和薄弱学校的改造。反对的人则认为：百分制确实有很多弊端，但是从理论上说无论是百分制还是等级分制，都不是一种理想的记分方法，都难以反映学生具体的学习状况。可见，在校内评价制度改革中不应过于看重分数形式的变化，关键在于分数形式后面潜隐着的评价观念，如果没有内在的变革，不管以什么样的形式评价，都有可能重蹈过去以手段为目的的覆辙。

在学生评价中关键不在于要不要分数，要什么样的分数，而在于我们通过评价要达到什么目的，实现哪些目标。在现代学生评价中，只要我们从学生发展的角度出发，不论评价结果以什么形式出现，都可以实现这一目的，在这方面中外都有成功的先例。

（三）要有科学的测评体系

初中物理学生学业评价应当考虑如下几个方面：一是学生对物理学科的基础知识、基本技能的掌握程度；二是学生在学习中的物理认知能力、认知方法和过程；三是学生在物理学习过程中所表现出的个性以及所付出的努力等。评价内容和方式也应该综合化和多元化，评估者应当明确学生应达到什么样的成绩标准，尤其是在实施开放式考试和进行过程性评价时，根据学生实际情况研制一套便于操作的标准，量规显得十分迫切。量规可以告诉评估者应在学生作业中寻找什么特征或标志，以及怎样根据事先制定的量规进行评分或评等级。

（四）测试题目要密切联系实际

物理学本身是与自然现象、科学技术、社会生产和日常生活紧密相联的，所以在教学过程中突出“科学、技术、社会”主题是物理教学的必然要求。而我国基础物理教育中普遍存在着脱离实际的倾向，教学内容偏重理论，强调系统性，对科学技术的应用及其社会意义关注不够，妨碍了对学生科学意识、技术意识、社会意识的培养。受应试教育的影响，物理教学中热衷于解决各种脱离实际情况的“学生式”的练习，对解决实际问题无益，也不能增长学生的才干。

第二节　初中物理实验评价目标分类

课程标准明确提出了“知识与技能”“过程与方法”“情感态度与价值观”的“三维”课程目标，因而，评价目标也必须从这三个方面加以考虑。也就是说，对学生的学业评价，不仅要评价学生在知识与技能方面的表现，还要评价学生在过程与方法方面的表现，其中包括所经历的物理概念和规律的学习过程、科学探究过程、自主学习和自我调控的过程，以及质疑能力、信息收集和处理能力、分析和解决问题能力等。同时，对学生学业的评价还要关注学生对科学的好奇心和求知欲，对科技活动的热情和实践意识，关注学生的科学态度和科学精神、合作意识和团队精神……

学业评价应以课程目标为依据，运用恰当的、有效的评价方法，系统地收集学生学业的各种信息，科学地进行分析处理，从而对学生学业的变化进行判断。学业评价主要是对学生的学业成绩和学习能力进行评价。因此，考虑到初中物理课程自身的特点，具体的评价目标将从知识技能、过程体验、科学探究三个领域加以界定。其中，有关情感态度与价值观目标的评价将采取分散隐性的方式，不失时机地渗透于上述三个领域之中。应该看到，对应不同的知识内容和不同的目标要求，需要制定不同类型的评价标准。为实现不同的评价目标，就需要从不同的视角、途径采取不同的方式和方法进行评价。

初中物理2011年版课程标准明确提出了20个实验项目作为学生实验。其中，基本操作类实验7个，基本测量型实验14个，探究型实验9个。

基本操作类实验包括力学、热学、电学主要仪器的使用。实验时，要求学生会依据仪器的量度范围、操作要求和注意事项正确操作仪器，会根据仪器的分度值正确读取测量的数据。

基本测量型实验是根据一定的实验原理进行物理量测量的实验。这类实验以基本操作类实验当中的仪器操作为基础，是基本仪器的操作在具体项目上的应用。测量型实验应注意所测量的物理量与研究对象的统一，有时还要关注测量的条件。

探究型实验不必在实验时对所有科学探究的要素面面俱到，而应根据课题的特点侧重部分要素。不同的课题侧重不同的要素，经历多个探究型实验之后，学生的科学探究能力将得到全面发展。

对于不同的探究课题，评价时侧重的角度不同，评价的目标也会不同。比如，有些课题比较适合考查学生是否具有揭示新事实与原有认知之间矛盾的意识，能否在真实或模拟的情境中发现与物理学相关的问题并进行符合逻辑的推理；有些问题适合考查学生能否把观察到的信息与已有的科学概念、规律、经验等结合起来并提出可以检验的问题；等等。这些都可以检验学生对科学探究的学习情况。下面以“提出问题和假设”“设计实验与制订计划”“进行实验与收集证据”“分析与论证”“评估”“表达与交流”六个要素来分别说明学生在科学探究活动中的能力表现，以此界定与科学探究相对应的评价目标要求。

一、提出问题和假设

“提出问题和假设”指学生具有揭示新事实与原有认知之间矛盾的意识；能尝试从真实或模拟情境中描述已有知识与所发现问题的冲突所在；能根据原有经验和知识去进行合理的推测，即对问题的结果或原因做出可以检验的猜想或假设。

二、设计实验与制订计划

“设计实验与制订计划”指学生具有根据实验目的和现有条件制订实验方案的意识；能根据猜想与假设，分析和控制变量，提出科学探究的具体方法和步骤；能尝试与已有的技能建立联系，选择实验方法及所需的实验仪器和设备设计实验。

三、进行实验与收集证据

“进行实验与收集证据”指学生经历以解决问题为目的的观察、测量等探究活动,会记录实验数据;知道多次收集实验数据的意义,认识并限制误差,适当地考虑实验结果的准确性和精确性;会运用各种有效的技术手段收集所需的信息;能系统、如实地采集数据;能根据数据的特征分析其合理性。

四、分析与论证

“分析与论证”指学生能将采集的有用信息与已学过的知识进行结合、重组、转换、迁移并用以解决问题;能运用恰当的方法和技术(如数学工具等)分析、处理相关信息,发现数据的特征,即能在各种因素中找出事物间的联系或共同特征;能推断结果在该情境中的合理性,并尝试对事物的因果关系、规律做出解释。

五、评估

“评估”指学生能注意查找探究活动中尚未解决的矛盾和经验教训,有自我反思和听取意见的意识;能从探究活动中发现新的问题;能评价解决问题的策略、方法的合理性,以及探究结论的科学性;能从中感悟物理实验、物理模型和数学工具等在物理学发展过程中的作用;能评价探究过程、材料、资源的优缺点,以及科学技术的影响。

六、表达与交流

“表达与交流”指学生具有将自己的见解与他人进行交流的愿望,会运用多种有效的表达方式和手段(如口头、书面、多媒体等)交流信息,能准确表达自己的意见和观点。

对科学探究的考查方式以观察记录学生探究活动中的行为表现为主,从而能够有效地反映学生科学探究能力的状况。实验技能评价,要以技能领域中的“独立操作”和科学探究领域的评价目标为基准,考查学生是否会独立使用测量工具,包括:是否会根据仪器的量度范围、操作要求和注意事项来正确操作仪器;是否会根据仪器的分度值正确读取、记录测量的数据;是否会测量物理实验中的一些基本物理量;能否积极开展探究型实验的活动。对于探究类的实验,还需要结合探究领域的评价目标进行评价。

学生按照实验选题的要求进行实验操作。在操作过程中，教师进行观察，同时依据评分标准严格记录、评定成绩。

第三节　初中物理实验教学评价案例

在实验评价过程中，教师不能只根据学生的实验结果进行评价，也要着重观察学生在实验操作的过程中是否用心、存在什么问题，进而对学生进行综合评价。教师可以引导学生对自己进行评价，让学生说出哪一步的操作存在问题，哪一步做得比较好等。同时，教师可以引导学生互相评价，让小组内的学生互相进行评价。这几种评价的形式，丰富了物理实验的教学，对于物理实验的教学起到了很大的帮助作用。现分类列举案例供大家参考。

一、基本操作类实验

用天平测量固体的质量

(一)实验目的

用天平测量铝块的质量。

(二)实验器材

托盘天平一台、体积约10 cm^3的铝块一个。

(三)实验步骤

1.把天平放在水平台面易于操作的地方，并取下固定天平横梁的橡胶圈。

2.用手扶住标尺的左端，用镊子把游码移至标尺零刻度线处。

3.调节天平平衡螺母，使天平横梁水平平衡。

4.把铝块放在天平的左盘内，用镊子在右盘内加减砝码，并用镊子调节游码，直至横梁再次水平平衡。

5.读出右盘内砝码的总质量和游码在标尺上对应的刻度值，得出并记录铝块的质量。

6.整理实验器材。

(四)实验结果

铝块的质量$m=27$ g。

“用天平测量固体的质量”实验操作评价表

单位:分

评价项目			评价要求	分数	实际得分	扣分标准
实验操作	实验前准备	仪器选配	仪器选配齐全	5		漏失一件扣1分,扣完为止
		天平调整	把天平放置在水平台面易于操作的地方并取下橡胶圈	35		天平放置的位置不便操作,扣2分
			游码调零			没把游码归零,扣10分;未用手扶住标尺左端将游码归零,扣5分;未用镊子移动游码,扣5分
			调节平衡螺母			天平不平衡而不进行调整,扣10分;调整中横梁明显摆动,扣10分
	使用天平	测量质量	用天平测量体积约为10 cm^3铝块的质量	30		用右盘称量质量,扣15分;天平未再次平衡时读取物体质量,扣10分;未用镊子夹取砝码,扣10分;夹取砝码顺序不对,扣5分
	整理仪器		仪器归位,摆放整齐	10		没有整理仪器,扣10分
实验报告	实验后		数据和单位正确	10		数据有误、单位错误或没有单位,分别扣5分
	实验结果		实验结果正确	10		没有实验结果,扣7分;结果错误,扣3分

二、基本测量型实验

电阻的测量

(一)实验目的

用电压表和电流表测量定值电阻的阻值。

(二)实验原理

$R=U/I$

(三)实验器材

学生用电源、电流表、电压表、滑动变阻器、定值电阻、单刀开关各一个，导线若干。

(四)实验步骤

1. 将电压表、电流表调零，按电路图连接电路。开关断开，滑动变阻器的滑片置于阻值最大处。

2. 检查电路连接无误后，闭合开关试触，调节滑动变阻器滑片使定值电阻两端电压 U 为 1.5 V，读出此时通过定值电阻的电流，并将电压和电流数据记录在表格中。

3. 两次改变定值电阻两端的电压 U，分别读出此时通过定值电阻的电流的数据，并将电压和电流数据记录在表格中。

4. 用公式 $R=U/I$ 分别计算出定值电阻在不同电压下的电阻，并记录到表格中。

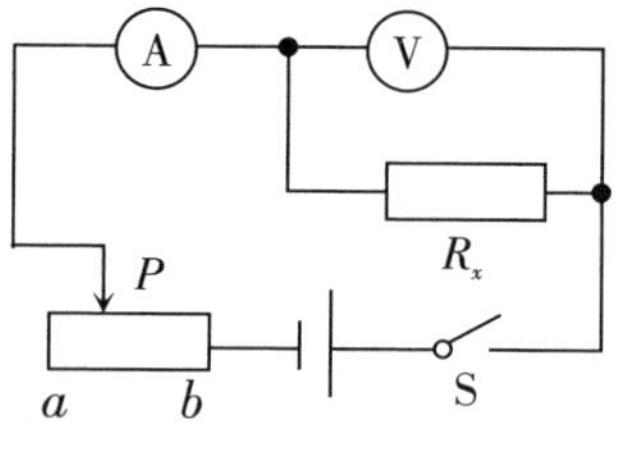

实验数据记录：

实验序号	电压 U/V	电流 I/A	电阻 R/Ω	电阻平均值
1				
2				
3				

“电阻的测量”实验操作评价表

单位：分

评价项目			评价要求	分数	实际得分	扣分标准
实验操作	实验前准备	仪器选配	仪器选配完全	5		缺一项扣1分
		电流表电压表	电表的调节	25		没有调零，扣5分
		转接电路	1. 开关断开 2. 滑动变阻器的滑片置于阻值最大处 3. 选量程和电路连接			开关未断开，扣5分；滑动变阻器的滑片未置于最大阻值处，扣5分；两表均没有选择合适的量程，扣5分（每个扣2.5分）；电路连接错误，扣5分
	测量过程	测量定值电阻两端的电压	用电压表分别测量定值电阻两端的电压并分别记录3次电压值	15		仅测量一次或记录错误，扣6分；仅测量两次或记录错误，扣4分
		测量通过定值电阻的电流	用电流表分别测量通过定值电阻的电流并分别记录3次电流值	10		仅测量一次电流或数据记录错误，扣6分；仅测量两次电流或数据记录错误，扣4分
		用滑动变阻器改变定值电阻两端的电压	调节滑动变阻器的滑片到合适位置	10		调节错误，扣10分
	实验后	整理仪器	仪器归位，摆放整齐	5		没有整理仪器，扣5分

续表

评价项目		评价要求	分数	实际得分	扣分标准
实验报告	实验步骤	实验步骤完整、合理	10		步骤不完整、不合理,酌情扣分
	设计表格,记录实验数据	表格完整、数据准确	10		没有表格或表格错误,扣5分;每少一个数据,扣2分;数据明显错误,每个扣1分;未求电阻平均值,扣5分
	实验结果	实验结果正确	10		没有实验结果,扣7分;结果错误,扣3分

三、探究型实验

探究平面镜成像时像与物的关系

本探究包括两个方面的内容:像与物大小的关系、像距与物距的关系。

(一)提出问题

1.平面镜成像时,像的高度与物的高度是否相同?

2.平面镜成像时,像到平面镜的距离跟物到平面镜的距离有什么关系?

(二)猜想假设

1.平面镜成像时,像的高度h'等于物的高度h。

2.平面镜成像时,像到平面镜的距离v等于物到平面镜的距离u。

(三)设计实验

1.实验器材

泡沫塑料板一块(35 cm×30 cm)、坐标纸一张(30 cm×20 cm)、带支架的薄透明平板玻璃一块(厚度2 mm左右)、刻度尺一把、同样大小的蜡烛两支、同样大小的金属块两块、大头针若干、相同的直角三角板两个、记号笔一支。

2. 实验步骤

(1)将泡沫塑料板放置在水平桌面上。将坐标纸平放并固定在泡沫塑料板上，在坐标纸中画一条直线 MN，把带支架的透明平板玻璃沿直线 MN 放置，利用两个直角三角板检查，使平板玻璃垂直于纸面，如图。

(2)将一支蜡烛用火柴点燃，作为物 S，竖直立在平板璃前面的坐标纸上，可观察到此蜡烛在平板玻璃中所成的像 S' 。用记号笔在坐标纸上记出蜡烛 S 所在的位置 A（围绕蜡烛的底足画圆，圆心标为 A）。

(3)将另一支未点燃的蜡烛放到平板玻璃后面，在平板玻璃前从各个不同角度观察未点燃的蜡烛，直到未点燃蜡烛与点燃蜡烛的像 S' 完全重合，用笔在坐标纸上标记点燃蜡烛的像 S' 所在的位置 A'（围绕未点燃蜡烛的底足画圆，圆心标为 A' ）。

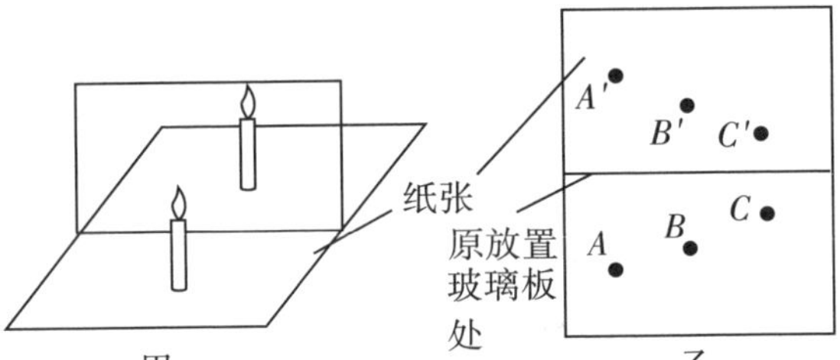

甲　　乙

(4)熄灭蜡烛，用直角三角板分别测量实物的蜡烛高度 h，测量与像完全重合的蜡烛的高度 h' ，将 h 和 h' 的数据记录在实验数据记录表1中。

(5)依照步骤(2)、(3)、(4)，分别改用两个金属块和两根大头针在平板玻璃前的不同位置再做两次实验。用笔在坐标纸上标记出金属块的位置 B（画出底面矩形，找对角线的交点，标为 B）和它的像的位置 B'（画出底面矩形，找对角线的交点坐标为 B' ），在坐标纸上标记出竖直插在泡沫塑料板上的大头针的位置 C 和它的像的位置 C' 。用直角三角板分别测量物体的高度 h，像的高度 h' ，将 h 和 h' 的数据记录在实验数据记录表1中。

(6)移去平板玻璃，用刻度尺分别通过物体的位置 A、B、C 点和对应像 A' 、B' 、C' 的位置各做一条直线，用刻度尺分别测量 A、B、C 点到平板玻璃（直线 MN）的距离 u_1、u_2、u_3 和 A' 、B' 、C' 点到平板玻璃（直线 MM）的距离 v_1、v_2、v_3，并将 u 和 v 的数据记录在实验数据记录表2中。

表1　像高h'与物高h的关系

h/m			
h'/m			

表2　像距v与物距u的关系

u/m						
v/m						

(四)进行实验

按照实验步骤操作,记录好实验数据。

(五)分析论证

根据实验数据,归纳实验结论。

1. 平面镜成像时,像与物的大小相等。
2. 平面镜成像时,像到平面镜的距离v等于物到平面镜的距离u。

"探究平面镜成像时像与物的关系"评价表

单位:分

评价项目		评价要求	分数	实际得分	扣分标准
实验操作	安装器材	器材选配完全;在坐标纸上画出放置平面镜的位置线	15		漏失一件器材扣1分,违反一项器材安装要求扣2分,扣完为止
		按位置线放置平面镜			
		平面镜与水平桌面垂直			

续表

评价项目		评价要求	分数	实际得分	扣分标准
实验操作	确定像的位置、测量物体的高度和像的高度	将点燃的蜡烛 S 竖直立在平面镜前面的坐标纸上	20		蜡烛 S 没有竖直立在平面镜前面的坐标纸上，扣5分
		标记蜡烛 S 的位置			未标记蜡烛 S 的位置，扣5分
		取与蜡烛S相同的蜡烛，在平面镜后调节蜡烛的位置，从不同的角度观察，使蜡烛与像 S' 重合			不会找像的位置，扣5分
		标记像 S' 的位置			未标记像 S' 的位置，扣5分
		测量物体的高度和像的高度			没测量物体的高度和像的高度，扣5分
	测量像距和物距	通过蜡烛 S 所在位置的 A 的圆心和像 S' 所在位置的圆心 A' 做一条直线	15		不能规范连线，扣5分
		用刻度尺测量 A 点到直线 MN 的距离 u			测量距离的方法不正确，扣5分
		用刻度尺测量 A' 点到直线 MN 的距离 v			测量距离的方法不正确，扣5分
	整理实验器材	整理仪器	5		没有整理仪器，扣5分

续表

评价项目		评价要求	分数	实际得分	扣分标准
实验报告	提出问题	问题明确、具体、可操作	5		问题不明确，不可操作，扣3分；未用科学术语表述问题，扣2分
		用科学术语表述问题			
	猜想假设	假设可检验	5		没有假设，表述不准确，扣5分
		表述科学准确			
	实验设计	识别变量，采取措施保证变量是可测量的	25		不能识别变量，未采取措施保证变量是可测量的，没进行多次测量的，酌情扣分
		确定待控制的变量，选择控制技术			不能确定待控制的变量，未选择控制技术，扣5分
		确定实验器材			不能确定实验器材，酌情扣分
		设计实验步骤			未能写清实验设计步骤，酌情扣分
		设计实验数据表格			没表格或表格错误，扣5分；数据明显错误，每个扣1分
	实验结论	结论基于实验数据	10		结论与实验不符，扣5分
		结论正确			结论不正确，扣3分
		表述科学			表述不严谨、不科学，扣2分

第四章　初中物理实验教学叙事

长期以来,物理教学的主要形式就是教师讲解教科书,以使学生掌握教科书的内容。于是形成了这样一种关系:教学时教科书的内容通过教师的“咀嚼”喂给学生,考试时教科书经过教师的加工变为考题去考查学生。核心素养培养强调实现学生学习方式的根本变革,转变学生学习中这种被动的学习态度,提倡和发展多样化学习方式,特别是提倡自主、探究与合作的学习方式,让学生成为学习的主人,使学生的主体意识、能动性、独立性和创造性不断得到发展,为终身学习打下坚实基础。作为一名物理教师,也需要紧跟时代的步伐,做新课程改革的领跑人。实验教学叙事研究是教师参与科研、促进专业发展的重要途径之一。它对促进物理教师专业发展,提高教师的教育科研能力,进而培养学生的物理核心素养具有重大意义。

第一节　初中物理实验教学叙事研究

一、研究背景及意义

初中物理实验教学是新课改的重要内容之一,在不断推进和深化的过程中,物理实验课为教师和学生提供了更多自身发展、主动发展的机会和空间,同时,也对教师和教学提出了新的更高的要求。

“让教师成为研究者”是物理实验课的基本要求,研究型教师、反思型教师成为物理教师专业的新形象。实验课教学叙事这一研究形式也引起了教师的关注,教学叙事研究成为教师参与科研、促进专业发展的重要途径之一。

(一)教学叙事研究加强了物理教师的自信和自尊

过去,教师总不太敢承认自己是研究者,觉得自己的理论水平低,是在从事教学实践工作,不是在做研究。教学叙事研究,着眼于写自己的教学故事,反思自己的教学实践。教学叙事研究,是致力于解决实际教学问题的行动研究。这一理念的提出与实践,把教师从教育研究的误区中解放出来——日常的教学也是一种研究。这就树立了物理教师教学研究的自信和自尊,为“引导每一位教师走上从事研究的这条幸福道路上来”(苏霍姆林斯基语)奠定了思想基础。

(二)教学叙事研究避免了空谈教育理论

由于教学实践活动具有复杂性、丰富性和多样性,往往会使某些预先设定的理论框架陷入表达的尴尬和虚脱,使理论联系实际这个恒久的话题,很难找到解决的通道。而教学叙事研究从关注教学实践活动出发,梳理教学实践路径,做出理性的反思,不仅丰富了理论表达的话语形态,而且为理论走向实践、指导实践开辟了新的途径。

(三)教学叙事研究有效推进教学研究向纵深发展

教学叙事,因为真实,大家有内容可讲,因为亲历,大家都愿意讲。正因为教师都会讲而且都乐意讲自己的教学故事,教学叙事成为广大教师所喜闻乐见的教学研究形式。对教师来说,研究是学习、工作、反思、提升、成长、发展的同义词。这与理论研究专业者的研究不完全是一回事。正因为这样,教学叙事才最能帮助教师对自身教学实践的情境和经验做多角度、多层面、多方向的理性反思,从而切实改善教师的教学活动。这样的教学研究对教师来说可深度唤醒教师的情感意识,助推教学研究向纵深快速发展。

(四)教学叙事研究提升和发展了实践智慧

教学虽然也需要显性知识、理论智慧(那种可供传授、可以叙述的客观知识体系),但是更需要隐性知识、实践智慧(那种难以言传的高度个性化的教学艺术、教学机智)。大家知道,仅靠熟读一本教育学书籍,即使能倒背如流,不一定就会上课,更不要说上好课。因此,教学研究,离不开对教学现实情境的反思,在反思中领悟教学的应对策略和运作技巧。教学叙事研究正好满足了教师的这种成长需要。教师之所以总是特别喜欢观摩别人的教学课,喜欢读近似教学案例式的文章，就是因为他们需要从中揣摩用理论话语难以表达的教学技艺和实践智慧。教学叙事研究不是理论论证，而是教学世界中的行动智慧和创造灵感，是有利于教师成长发展的营养品。

综上所述，教学叙事是一种致力于解决实际问题的教育行动研究，关注教学实践，避免理论与实践的脱离，避免用抽象的逻辑论证阐释教学问题，教师以叙述的形式讲述自己的教学故事，接地气，贴近教学和生活，易于被接受。这种方式很有意义，也是农村中学一线物理教师和研究者所应掌握和使用的研究方法。因此，引导农村中学物理教师走上教学叙事研究之路，必能为其自主发展、提高自身的教育科研能力创造新的平台。

二、理论基础及依据

（一）现象学和解释学理论

教育叙事研究的兴起与解释学在人文社会科学领域的广泛应用有直接关系。现象学和解释学理论为叙事研究提供了认识论和方法论上的指导。叙事研究通过教育者讲述自己的故事，从而发现内隐于故事背后的意义。理解和解释是叙事研究的重要因素，解释学为此提供了方法论指导。

（二）文学叙事理论

文学叙事理论是教育叙事研究最直接的智慧源泉。叙事是文学的要素，是文学创作的一种手法和技巧。叙事研究也称叙事学，是对叙事的理论和系统的研究。叙事学作为法国结构主义文学理论的一个分支，产生于20世纪60年代中期，发展到今天已经从经典的结构主义阶段、相对远离当代文学和语言理论的索绪尔阶段走向后经典阶段，其间经历了从重视作品的叙事结构、忽略作品的社会历史内容到容纳文化研究的内涵的转变。20世纪90年代以来的后经典叙事学或后现代叙事理论，又被称为新叙事学，已逐渐走出文学领域，扩展到社会科学研究的各个领域，成为社会科学研究的方法之一。叙事学关于叙事的结构、形式、技巧等问题的研究，为教育叙事研究提供了理论支撑。

（三）教师专业发展理论

我们提倡终身学习，其实更主张教师要注重专业发展，就是要把学科知识、教育理论与教育实践相结合，突出教书育人实践能力；研究中学生，遵循中学生成长规律，提升教育教学专业化水平；坚持实践、反思、再实践、再反思，不断提高专业能力；优化知识结构，提高文化素养；具有终身学习与持续发展的意识和能力，做终身学习的典范。在教师的专业发展中，凸显意识、阅读、毅力、反思四个方面的重要性。

三、核心概念界定

（一）叙事

叙事是文学写作用语，指以散文或诗的形式叙述一个真实的或虚构的事件，或者叙述一连串这样的事件。

（二）教学叙事

教学叙事，即讲述与教学或者教学过程、结果有关的故事，是教育主体叙述教学中的真实情境的过程，实质上是通过讲述教学故事，体悟教学真谛的一种研究方法。教学叙事不是为讲故事而讲故事，而是通过教学叙事展开对现象的思索，对问题的研究。教学叙事是一个将客观过程、真实体验、主观阐释有机融合在一起的一种教育经验发现与揭示的过程。

（三）物理实验教学

物理学中的概念、定律、公式等都是前人在无数的实践和实验中总结概括出来的。现在用来教学，尤其是以实验的方法教学，不仅可以使学生更加全面准确地掌握知识、发展智力，而且有助于学生掌握各种技能学习方法，培养其科学的世界观，使其知其然，也知其所以然。实践证明，物理实验始终是物理教学中的重要内容，我们要重视物理实验教学，要用叙述的方式认真谈谈自己的体会和收获。

四、国内外相关研究综述

（一）国外研究现状

叙事研究在教育领域中的运用最早起源于20世纪80年代的西方，以加拿大和美国学者为主要研究群体，其中以加拿大学者康纳利和克莱丁宁的成就最为显著。他们的研究认为，人类的经验是以叙事的方式来建构的，并以故事的方式存在着。对教师的研究，就是对教师生活故事的研究，教师通过对一个个亲身经历的实践描述为教育研究提供素材，理论研究者从教学事件的显示过程中建构教育的意义。这样一来，教学叙事研究就成为理论与实践相结合的桥梁。

（二）国内研究现状

教学叙事研究在我国兴起于20世纪90年代末，由华东师范大学丁钢教授发起。丁钢教授2003年在《全球教育展望》杂志上专栏刊登了教育叙事方面的文章。教育叙事研究因其普适化的特点而受到广大教育工作者的青睐。

从已有的研究著述来看，教学叙事大体可分为两类：一是从学理层面探讨教学叙事的本体问题、价值问题及方法规范问题；二是依据理论从事实地研究。从国别来讲，欧美国家的研究较为集中、成熟，既有理论又有实践；而国内目前还停留在理论介绍和实践探索阶段，研究比较零散和缺乏主动性。我们开展这样的实践研究，既是对教学叙事理论的补充与完善，也是教学叙事理论在教学中的实操。

五、研究目标及内容

（一）研究目标

1.提高初中物理教师实验教学的能力

教学叙事可以避免单纯的专业理论学习，脱离理论学习的经验总结，促进教师教学实践能力发展。初中物理教师在实验和实践中积累经验，并结合实践需要不断学习理论，从而进一步丰富和提高自己的教学实践能力。

2.树立初中物理教师正确的反思意识

教学实践叙事，不是简单地叙述过程，而是要反思结果，通过不断反思，提高教师的自我觉察能力和自我反省水平，实验课教学能力获得不断发展，最终促使教学实践能力和教育质量的进一步提高。

3.培养初中物理教师为真正的研究者

教师通过自己熟知的教学叙事研究改进自己的专业工作，通过反思教学生活找到解决问题最合适的方式方法，提出最贴切的改进建议，并通过自身的实践活动不断进行自我检验、修正和完善，在参与教学叙事研究的过程中逐渐成为真正的研究者，进一步提高教育科研能力。

（二）研究内容

研究主要以课堂为现场和主阵地，以教学为重点，以学生为关注中心，立足于教学实践基础之上并最终指向教学实践。研究中主要重视细节、关注过程、注重反思。着重研究以下三个方面的内容：

1.研究教师的教学活动

倾听教师的内心声音，感受教师的主观世界，体验教师的生命律动，探寻教师的行为意义。

2.研究教学对象

研究学生所感兴趣、所思考、所进行的学习活动。当研究将学生生活的真实世界展现于人们面前时，教师就获取了与学生对话、沟通、交流的优势，从而理解学生所追求、所欣赏、所厌恶的事物，帮助教师更好地开展教学活动。

3.研究教师的教学收获

区别于其他课型的教学和教学反思，研究基于教学实验的教学收获的直观性、溯源性、真实性，以及教学过程的可操作性和可复制性，迁移知识，训练技能，培养正确的人生观、价值观和世界观。

六、研究对象及范围

（一）研究对象

课题的研究对象主要是物理教师自己和上课的对象——学生。

（二）研究范围

研究教师在实验教学中的教学思想、教学活动，学生的学习活动，对教师的教学进行反思、总结。

七、研究方法及运用

（一）文献研究法

查阅相关文献，追溯历史源流，对有关信息进行查询，搜集教学叙事研究成果，学习其先进的手段等，在一定的范围内系统地、科学地解决研究过程中存在的问题。

(二)比较分析法

比较分析教师对教学叙事研究的观点、态度等,以不断调整教学与管理行为,在实验的开始、进行和结题时,均进行抽样调查,比较分析。

(三)行动研究法

全员参与,每一位研究者每周定期撰写教学故事,并相互交流学习,从而促进教师专业发展和教育科研能力的提高。选取典型实验对象进行研究,对收集到的信息进行整理分析,做出合理判断并提出改进建议。

(四)经验总结法

教师通过学习、实践、讨论、总结实验课教学叙事中的成功做法,形成经验,撰写实证性实验报告或论文。

通过课题研究,改变课堂教学的一些功利思想,让教师从教学叙事中学会如何关注学生,如何关注细节及过程,如何以实验课教学叙事为载体学会自主反思。

八、研究成果

课题组成员共同努力,完成了课题研究任务,基本达到了预期的研究目标,获得了一定的研究成果。

(一)科研意识进一步增强

1.增强了问题意识

叙事研究的过程是一个引导教师不断发现问题、记录问题、寻找对策、解决问题的过程。问题导向、任务驱动,已经是教学叙事的基本原则。老师在叙写事实的过程中,有意无意地关注着课堂内外,教育教学过程中、学习过程中的各种问题。从老师撰写的叙事故事中,我们看到了老师们看问题的细致,思考问题的深入。校园里的一张纸、学生的一个举动、老师之间的一席话、一篇文章……都会引导老师思考并总结出新的东西。如李莉老师在《实验课教学叙事之摩擦力的大小与哪些因素有关》中就写道:学生们在探究书上所给出的实验方案时,发现用手拉动小车无法使其做匀速直线运动,于是就提出把小车固定起来,拉下面的长木板，使小车依然受到滑动摩擦力，从而使弹簧测力计处于相对静止状态，方便读数。这说明学生们的确在动脑筋思考问题，并尽力去解决问题。没有解决不了的问题，怕的是发现不了问题，提不出问题。有了问题意识，便会逐渐形成敏锐的观察能力，随时随地发现问题，开展研究。

2.树立了反思意识

反思使人进步，没有反思，便没有改进，没有改进，便无法进步。通过不断反思，教师的自我觉察能力和自我反省水平得以提高，教育教学能力获得不断发展。反思是教师将这节课的某个教育教学事件深入到相关教育教学环节中，通过诸如“我做了什么”“有什么不足”“我的专业任务完成得如何”等心理描述，对实际教学进行感受和体验，发现教学中的问题，以批判的眼光反观自己的思想、行为、价值观、态度和情感，重审自己从事教学的思想依据，并积极寻求解决问题的突破口。

3.形成了研究意识

教学研究，已经不再是阻挡教师进步的艰难问题，也不是望尘莫及的事情。通过教学叙事的研究，老师们发现原来研究其实并不复杂。教学叙事是研究性的记叙文，老师们能写、乐写。在写的过程中，老师们享受着研究的快乐、成长的喜悦。

（二）文化品位进一步提升

1.阅读成为生活习惯

实验课叙事研究的开展把教师的目光引导到解决实际问题上。教师研究的关注点多为如何改善自己实际的教学工作。加强学习就成为解决问题的重要手段之一。阅读，便成为教师日常生活不可或缺的事情。以下是一位老师个人年度总结中的一段话：

有人说，在这个世界上，唯有思想是可以自己进修的，所以我选择了阅读，并钟情于阅读。只是，我的阅读已经不是用来盛放虚荣，而是想为平凡的日子穿一件美丽的衣裳。我想，不管怎样，阅读的视角不能狭隘，下里巴人与阳春白雪同样有着可人之处。空闲之时，读一读有关教育教学类书籍，也读一读诗歌、散文、小说；读专著，也读小品文。这既是自身发展的需要，也是生活的需要。因此，每天下班回家，上网、阅读、思考、写作成了自己生活的一部分。现在，有了网站，那是自己耕耘的一片馨绿，每天无论多忙，我都要抽时间去关注，因为它是传达教育思想、生活态度，沟通同行的一个空间；也是提供学习资源、展示成果，沟通学生的一个平台。在通过文字的阅读与大师交流的同时，我也在阅读着人。在我的眼里，人是活动的文字。交往多了，对话多了，感觉人人都是一本丰厚的书。课堂上，与学生对话，读一读学生；办公室里，与同事交流，读一读同事；独处的时候，与自己交流，读一读自己。当阅读成为习惯的时候，即使孤独也是一种乐趣，何况，只要阅读就不会孤独。

2.反思成为工作习惯

反思，经常被看作一件痛苦的事情，其实是反思太少了的缘故。在教中反思，在学中反思，在学后反思，已成为教师工作、学习的一种思维习惯，是成长的必然要素。请看一则教师研究故事的片段：

曾经，自己是个“行者”，一个忙于应付、缺少主见的行者；而今，我总会静心凝神，寻找思索的快乐，寻求五彩的生活。模糊的教法在思索中明晰，无序的话语在思索中精妙。思索中，顽皮的孩子遵规懂礼，落后的学生奋勇前进，出类拔萃的花朵争奇斗艳，教室、校园充满欢声笑语，变为乐园。思索中，我享受着教与学的情趣；思索中，我享受着教与学的甘霖；思索中，我享受着教与学的成功之乐；思索中，我享受着教与学的精妙绝伦。思索，缩短我与大师间的距离；思索，划清我与平庸者的界限；思索，使我的教艺趋于成熟；思索，为我的教学带来欢呼；思索，使我的人生五彩缤纷。

3.记录成为教学习惯

大家认真地尝试着，饶有兴趣地叙写着自己在实验课中的教学故事，在叙事中深入思考，在叙事中加强学习，在叙事中走向成熟。可以说，叙事，正在成为今天我们教师的生活方式、生存方式。通过两年多的研究，越来越多的教师确信：要想更快更好地获得专业化发展，就必须自觉地、主动地、高质量地、有目的地进行教育教学叙事，使这种叙事成为一种自觉的行为，一种主动的意识。因此，老师们习惯于每次活动之后、学习之后、思考之后记一记，做生活中的有心人，把看到的、听到的、想到的及时记录下来。

(三)专业水平进一步提高

教师专业素质能否得到提高,关键在于教育教学观念与行为能否更新与改善。我们认为:本课题研究的开展能有效促进教师与新课程进行对话,使他们更新育人观念,增长育人智慧,转变评价方式,从而更加适应课程改革日益深入的形势。

(四)找到了实验课堂教学的有效方法与策略

在课堂教学过程中将静态预想变为动态生成,真正实现了学生学习的主体性。在课堂教学中,努力把备课意图,即静态设置,通过教学手段动态生成为现实的每一堂课,保障学生学习的主体地位,完成教师的“教”为学生的“学”服务。在教学手段的使用上,努力采用多种教学手段和形式,充分调动学生的学习主动性和积极性,把蕴藏于学生中的巨大学习潜能开发出来,这是提高物理教学效率和教学质量的关键所在。

(五)提高了教师备课的质量

一节好的课堂教学,其实功夫在课外。备课是上课的第一步,教师必须深入钻研教材,准确把握教材的重点和难点,整合课程资源,把握学生学习的具体特点,对课堂教学的程序进行精心的设计。在课题组研究的基础上,我们采取了统一备课、统一教案的做法,在备课中重视新课程教学资源的开发和利用,注重新课标背景下教学策略的研究,“备课标、备教材、备资源、备策略”,形成了系统的备课方式。

(六)总结出新的教学经验

一年多来,课题研究组成员一共撰写了实验课教学叙事31篇,受到上级教育主管部门的肯定。

(七)学生学习成绩明显提高

一年多来,课题的研究有效地促进了学校教学水平的提高,学生的学习质量有了明显的进步。区级质量调研监测和中考成绩分析显示,我校学生的初中物理成绩在原来基础上有明显提高。在“六校联考”中,每次考试成绩都名列前茅,在区级质量监测和市级中考中,我校学生的成绩在直属学校中都能保持前十名。学生的综合素质也得到了很大提高。

九、研究影响与效果

(一)研究影响

通过多年的课题研究,在各级领导的支持和指导下,课题组成员相互合作,课题研究取得了较为理想的成绩:课题组老师在教学中转变了教育观念,改变了死板的教学方法,在教学中体现了学生的主体地位,让学生成为学习的主人。在课题研究过程中,全体课题组成员,通过积极学习现代教学理论,教育观念得到转变,教育水平得到提高,会教、善教,每位教师都有自己的特色。通过参与课题研究,教师都已认识到教育教学的发展离不开教学科研,学校的可持续发展离不开教学科研,课堂教学质量的提高和学生综合素质的提高也离不开教学科研,教育教学科研已成为课题组教师的自觉行为和追求目标,形成了浓厚的教科氛围。

(二)效果的体现

1.学生方面的体现

不仅调动了学生的学习积极性,激发了学生学习物理的兴趣,也改变了学生的学习方法、方式,促进学生动手、动脑,提高了学生的学习能力。

2.教师方面的体现

改变了传统的教育教学方式方法,不再是单一的讲实验,而是亲力亲为地做实验,使教师在教学中更加关注学生学习能力的培养,提高了教师上实验课的水平。

第二节　初中物理实验教学叙事研究案例

每一个物理概念和物理规律的具体教法,当因人、因教学内容而异,应该是百花齐放,各显其能。实验教学叙事是教学主体叙述实验教学中的真实情境的过程,其实质是通过讲述教学故事,体悟实验教学真谛的一种研究方法。教师每上完一节课，只要留意教学中的某个细节，就能写出很好的教学叙事。本节整理了多年来课题组老师撰写的部分实验教学叙事文章，仅供参考。

一、让学生感悟生活中的物理的奇妙——“科学之旅”教学叙事

物理课程的构建应贴近学生生活，符合学生认知特点。这样，学生通过从自然、生活到物理的认识过程，就能揭示隐藏其中的物理规律，并将所学应用于生产生活实际，领略自然现象中的美妙与和谐，身心得到全面发展。

传统的教学模式偏重于知识的传授，强调接受式学习。而物理实验课教学着眼于学生的终身发展，注重学生良好学习兴趣和习惯的培养，重视物理学内容与生活的紧密联系，关注现实生活。教学活动围绕学生生活、科学、技术和社会展开，教师抓住时机不断地引导学生在设疑、质疑、析疑、释疑的过程中，创设认知“冲突”，激发学生持续的学习兴趣和求知欲望，顺利建立物理概念，把握物理规律。例如，“科学之旅”教学中可以问学生：为什么打雷和闪电明明是同时发生的，但我们总是先看到闪电，后听到雷声？在车上竖直向上抛东西时，为什么车子在快速移动，人站在车上不动却能够接到抛出去的东西？同学们会想，是的，东西抛上去了，我们和汽车一起在快速前进，怎么还能正好接到被竖直抛出去的东西呢？进而引导学生思考产生这种想法的原因。再如，地球每时每刻都在自西向东自转，并围绕太阳公转，我们在地球上竖直向上跳时，按理说地球就在我们跳起来的时候转走了，但是我们落下来怎么还会落在原来起跳的地方呢？溜冰时，你向前推墙壁，为什么自己却反而向后运动？人划船的时候，为什么要向后划水，船才会向前？通过这样不断地设疑，不断地质疑，不断地析疑，激发起学生浓厚的物理学习兴趣和求知欲望，引导他们发现生活中各种各样的物理现象，并寻找出其中的规律，为进一步学习物理学知识打下坚实的基础。

物理知识和科学技术、社会生活是息息相关的。关注现代物理科学技术的新成果、新动向，能使学生真正了解到物理知识的实用价值，使物理教学过程成为学生愉悦的情感体验过程，让学生感悟到实际生活中的物理的奇妙和相应的规律，激发学生学习物理的兴趣，提高物理教学效率。

二、学习物理学家的伟大精神——“科学之旅”教学叙事

“科学之旅”介绍了物理学家牛顿等人。在这个科技腾飞的年代，越来越多

的诱惑吸引着孩子们幼小而单纯的心灵，不知有多少孩子沉迷于网络不能自拔，不仅辜负了父母的良苦用心，更毁掉了自己的大好前程。这让我们教育工作者感到痛心，同时，也让我们感到了自己责任重大。因此，作为一名初中物理教师，我们除了要与学生探讨书本中的理论知识和现实生活中的运用问题外，还应该与学生们一起探讨科学家精神，引导学生思考应该怎样更好地去做人、做事，让学生们在学习科学知识的同时，能感受到科学家们那高尚的人文素质，从而潜移默化地学习到科学家们优秀的品质。

物理学的发展史，本身就是一部科学家们追求真理的奋斗史。当我们在这节课中讲到牛顿时，我们可以给学生介绍一下牛顿的生平事迹，了解他的工作与生活，知道他是一位伟大的物理学家、天文学家和数学家，经典力学体系的奠基人。牛顿的伟大成就与他的刻苦和勤奋是分不开的。他的助手曾说牛顿很少在两三点前睡觉，有时一直工作到五六点。春天和秋天经常五六个星期住在实验室，直到完成实验。他有一种长期坚持不懈集中精力透彻解决某一问题的习惯。他回答人们关于他洞察事物有何诀窍时说："不断地沉思。"这正是他的主要特点。对此流传着他许多有趣的故事：他年幼时，曾一边牵牛上山吃草，一边手里拿着书看，到家后才发觉手里只有一根绳，可见其专心的程度；他看书时，就定时煮鸡蛋，结果将表和鸡蛋一齐煮在锅里；有一次，他请朋友到家中吃饭，自己却在实验室废寝忘食地工作，朋友再三催促，他仍没有出来，当朋友把一只鸡吃完，留下一堆骨头在盘中走了以后，牛顿才想起吃饭这事，可他看到盘中的骨头后又恍然大悟地说："我还以为没有吃饭，原来我早已吃过了。"当老师给学生介绍完牛顿的这些事迹之后，立即抛出一个问题：同学们，听了牛顿的故事，你们有什么感想呢？由此，可以让学生联想到自己平时是如何学习的，今后应该怎样更好地去做。让学生各抒己见后，老师再进行总结：是啊，同学们，现在我们坐在宽敞明亮的教室里，吃得饱穿得好，还有什么理由不努力学习呢？千万不要"少壮不努力，老大徒伤悲"啊。

当然，之后的教学中还会遇到很多科学家，我们也应该向学生简单介绍他们的优秀事迹，从而激发他们学习的热情。

三、长度测量的方法与求平均值——"长度的测量"教学叙事

长度测量既是学生学习物理的第一个实验，也是整个物理学中最基本的测

量方法。好的开端是成功的一半，因此让学生学会用工具进行物理量的测量，是培养学生学习兴趣的关键。下面就和大家一起浅谈一下，如何正确使用刻度尺去进行长度测量并对测量中的误差进行简单的分析。

一是让学生认清刻度尺的刻度。让学生观察刻度尺，并依次回答课本上的问题。关于量程和最小刻度值，应给学生以简单的解释。零刻度有磨损的刻度尺，可用没磨损的其他刻度作为测量的起点，这时末端读数与起点刻度数之差，才是被测物体的长度。

二是教会学生正确使用刻度尺。学生对刻度尺比较熟悉，自认为都会使用，实际上在使用中经常出错。因此要引导学生发现自己使用刻度尺时出现的错误，自觉地纠正，养成按规则要求操作的习惯。具体做法是：

让学生用透明三角板测量一张纸的宽度。首先要分清三角板的正、反面，然后要求学生把三角板反着用（即有刻度的一面向上）。测量时，故意让学生将身体向左偏、向右偏，让学生回答两次读数是否一样。（不一样，且尺子越厚，两次读数差别越大）这两个读数哪一个对？（都不对）怎样读才能得到正确的数值？引导学生总结出读数的视线规则：读数时，视线要与尺面垂直。在将零刻度对准被测物体的一端时，也要按这一规则去做。

让学生把三角板翻过来，重复上面的测量，这时身体偏左、偏右的两次读数基本一致。由此得出，测量时刻度尺的正确放置方法是：让刻度尺刻度紧贴被测物体的始、末两端。如果刻度尺不透明（如钢尺、木尺）应怎样放置？师生共同总结出刻度尺使用中的放置规则：刻度尺应“立”着放正，不能歪斜。（应使刻度尺面垂直被测物体表面，学生还不理解这些立体几何术语，改用“立”着的说法。可通过示范的方法，帮助学生理解）要求学生按上述放置方法和视线规则，正确放置刻度尺，并将零刻度对准纸的一个边，看纸条的另一条边靠的那一条刻度线，读取这一刻度的数值，就是纸条的宽。如果要求测量更精确些，则应估读到最小刻度值的下一位。这就是刻度尺使用时的估读规则。例如：物理书所测长度为 26 cm，在物理实验中测量长度往往要求更精确些，这就要估读到分度值的下一位。如所测的长度取 26.3 cm。这里末位的 3 虽然是估读的，并不准确，但是对我们还是有用的。它告诉我们木块的长度在 26 ~ 27 cm。

三是正确记录测量结果。让学生将测量结果书写在黑板上。测量结果的记录应由数字和单位组成。对于任何物理量的测量结果，只有标明单位才有意义。

所以告诫学生一定记得带上单位。

四是误差分析。测量时,要用眼睛估读出最小刻度值的下一位数字,是估读就不可能非常准确,测量的数值和真实值之间必然存在着差异,这个差异就叫误差。任何测量都存在误差。或许有的同学会认为物体的末端恰好对着刻度线,测量的结果应是准确的。其实,任何刻度线都有一定的宽度,"恰好对着刻度线"也是估计的,这时最小刻度值的下一位估读数字是零。(估读数字为零,容易被忽视,要提醒学生注意)由此可见,测量中存在误差是不可避免的。

误差跟错误不同。在测量长度时,由于视线的偏斜而导致的结果不准确属于测量错误,是由于没有按规则去做造成的。错误是应该而且可能避免的。

测量的误差是不可避免的。除了估读的误差外,还有其他原因造成的误差。如仪器本身不准确,环境温度、湿度变化的影响等,都是造成误差的原因。误差不可能消除,只能尽量减小。减小误差的措施比较多,其中求平均值的方法,简单而有效。测量中有时结果偏大,有时会偏小,这样多次测量值的平均值更接近于真实值。这里一定要提醒学生,在取平均值时:一是判断测量记录结果是否正确,将错误的去掉后再求平均值。二是平均值位数一定要与测量值位数相同,除不尽时多商一位后四舍五入。因为测量值数据里只有最后一位是估读值,这个数字是有意义的,它能告诉我们真实值在哪个范围,它跟它前面的数字都是有效的。

四、不同的教法收到意想不到的效果——"测量平均速度"教学叙事

同样的内容,同一节课,特别是实验课,不同的教法会让你收到意想不到的结果。下面我简单谈谈我教"测量平均速度"的亲身体会。

1.课堂片段描述

"测量平均速度"本来是一堂实验课,当我在教其中一个对比班时,由于实验器材被另外的老师拿走,所以这堂实验课就成了"纸上谈兵",我只好在黑板上画图讲解。结果学生的课堂作业,30%以上不合格。我明白是没做实验的后果,学生只有理论知识,没有实作经验,理解能力差一点儿的学生就不能消化知识,不能为己所用。

当我在教另一个班的时候,我充分准备了实验器材,经过几分钟的看书学习和分组讨论,同学们确定了实验方案和器材,由学生自荐和推荐,选了八位同

学上台演示，分成两组，每组四人同时操作，其余同学在下面观察，看看哪一组又快又好。

第一组为了赶速度，很快组装好器材，拿小车的同学一放手，小车就快速下滑，翻到斜面下，引起大家哄堂大笑。这一组的同学涨红了脸，一声不吭进行第二次实验，小车是顺利到达斜面底部了，但计时员却来不及第二次按下停表，时间没测出来，实验再次失败。我及时问："怎样才能方便计时呢?"下面的同学七嘴八舌讨论：有的说选长一点的斜面；有的说换车轮小点的小车；有的说斜面坡度放缓一点……在不能更换器材的前提下，同学们一致认为正确的方法是把斜面坡度放缓一点。方法统一后，两组继续实验，第二组的同学先顺利测出了小车全程的平均速度，测后半段的平均速度时，把小车从斜面中间开始释放，结果测出的结果与前半段相同。我及时问："小车在斜面上是怎么运动的呢?"同学们齐声回答"越来越快"。"那显然第二组的结论是错误的，请大家找找原因。"下面的同学热烈讨论，第一组的组长小声说："老师我有办法了。"然后他简单向同学们介绍了方法：小车从顶端连续运动到底端时，中点计时员计一次时间，底端计时员再计一次时间，两次时间差就是小车后半段的时间。同学们听后，安静了几秒钟，然后全班一齐热烈鼓掌，我也微笑点头。大家都认可了这个方案，实验取得圆满成功。批改作业时我发现，合格率高达95%。

2.课后对比反思

通过这两个班的对比，我感慨万千：老师上课满堂灌，学生被迫接受知识的教学方法该改换了，把课堂还给学生，以学生为主体，让学生动手、动脑，老师做适当引导的教学方式，才能适应时代的需要！

五、知识可以固化，实验可以改进——"熔化和凝固"教学叙事

熔化和凝固这一节内容，教材是用海波来做晶体熔化和凝固实验。当我拿着海波在第一个班上做实验的时候发现，海波在熔化过程中，学生们根本看不到海波随着时间的改变，温度保持不变的那个过程。这让我和学生都很失望，于是我下课后查阅了很多资料，发现用海波做实验，对环境温度要求很高，实验成功率很低，而且教材上没有介绍晶体凝固实验，只是简单说了一下晶体凝固是熔化的逆过程，即凝固点和熔点是相同的。这一点对于学生来说过于抽象，不便于学生更好地掌握。针对这些问题，我将晶体熔化实验，改成用冰来做，但是用冰做

实验也遇到了很多问题，比如我们做晶体熔化实验，需要明确展示温度是在熔化前后升高，熔化过程中温度保持不变这一规律。但是在最开始我直接选用碎冰做实验时，由于把水冻成冰后取出来弄碎这一过程时间较长，再加上温度计的玻璃泡与碎冰接触不充分，实验时就得不到0 ℃以下的温度及熔化过程中温度保持0 ℃不变的情况。而且直接用碎冰做实验也无法完成水的凝固实验。

针对这一系列问题，我将实验做了如下改进：我首先自制冷冻剂，用适量浓度的盐水冷冻成碎盐冰，因为它的凝固点比水要低，所以能让学生清楚地观察到冰在0 ℃以下的温度变化情况；其次自制保温箱，用较厚的泡沫制作，是为了在把碎盐冰从家里搬到学校的过程中起保温作用，防止碎盐冰在路上温度升高过快；最后还有一套熔化凝固演示器，是用小试管和套有橡皮塞的温度计制成的。在做凝固实验时，先在里面装入2 mL左右的水，从而可以减少凝固时间，也能缩短冰熔化的时间。少量的冰在熔化时能够保证冰水混合物的温度比较均匀，所以能保持0 ℃不变，并且这套装置使温度计与容器融为一体，便于学生操作和观察实验现象。

六、授人以鱼，不如授之以渔——“汽化和液化”教学叙事

在物理教学中，是引导学生独立地学习，还是“抱着”学生学习，既是一个教育观念的问题，也是一个教学艺术的问题。俗话说“授人以鱼，不如授之以渔”，说的是授人以鱼只供一餐之需，不如授人以渔，教其学到捕鱼的本领。

在“汽化和液化”的教学中，在教学影响蒸发快慢的三个因素时，教师提出，要想使湿的衣服尽快变干怎么办，让学生结合平时生活经验想出自己的办法。于是学生会想出许多办法，诸如用电熨斗烫、放在炉火旁边烘、用电风扇吹、尽量把衣服摊开等。教师进而引导学生总结归纳出影响蒸发快慢的三个因素来。这样结合生活实际，引导学生独立学习的同时，也利于培养学生的创造性思维和发散性思维，培养和发展学生独立解决问题的能力。

所以在初中物理教学中，我们不仅要教学生知识，而且要教学生学习方法，教会学生学习，使他们能够不断地获取新知识。学习应该是学生主动求知的过程，在这一过程中，学生或多或少地会遇到各种各样的困难，作为教师，要立足课堂教学的主导地位，引导启发学生积极地去学习、去探索，帮助学生解决遇到的问题。

七、改进实验流程，增强观察效果——“光的折射”教学叙事

初中物理在“光的折射”这一节，只介绍了光在均匀的液体中的折射实验，并没有探究光在不均匀的液体中的折射。为了培养学生的探究精神，一位教师改进实验流程，增强了观察的效果。具体如下：

实验器材：两个烧杯，分别装半杯清水和半杯淡蓝色的硫酸铜溶液，一支激光笔。

实验过程：先用激光笔分别在半杯清水中和半杯硫酸铜溶液中演示光在均匀液体中的直线传播现象，然后把小半杯清水轻轻地沿着杯壁缓缓地倒入装硫酸铜溶液的烧杯中，可以看到两种液体有明显的分界线，轻轻摇晃烧杯，加快两种液体的扩散，当看到上层的水逐渐变蓝时，用激光笔从各个角度照射不均匀的水和硫酸铜溶液的混合液，可以明显地看到光束的弯折现象。学生能获得非常直观的视觉效果。

教学反思：该实验的不足之处是不同液体的扩散需要几分钟，占用时间较长。

八、让学生的思维动起来——“光的折射”教学叙事

新课标背景下，“光的折射”这一节，知识点数量和难度要求都大大降低了，而将注意力放在学生的合作探究、讨论、观察和思考能力的培养上。所以在教学过程中教师要让学生动起来，不仅是手动起来，更重要的是思维动起来。

本节教学设计思路是通过大量有趣、清晰、直观的演示实验和学生实验把光的折射现象展示给学生，让学生体会到物理知识就在身边，生活中处处都能感受到物理的美，最大限度地激发学生学习物理的兴趣和强烈的求知欲望，在教学中注意培养学生动手实验、观察比较、归纳总结的能力和创新意识。实验发现：筷子在水中会“弯折”；硬币在水中会“上浮”。

实验活动开始，就是让学生观察光从空气射入水中时的情况，学生分析总结：一是光由空气斜射入水中时，入射角增大，折射角增大，折射角总是小于入射角。二是光由空气垂直射向水中时，传播方向不变。三是折射光线、入射光线和法线在同一平面内。四是折射光线和入射光线分别位于法线两侧。这就是光的折射规律，从中我们可以看出无论光从哪种介质射入哪种介质，在空气中光线与法线的夹角最大。教师提问：那么，你们能不能解释一下筷子“弯折”、硬币“上

浮”的原因呢？能用图示的方法表示出来吗？学生上讲台，在黑板上老师画出的图像上作图解释。若学生在作图时有困难，教师要指导。

教师再用多媒体动画演示，巩固记忆。

九、留给学生思考的机会——“平面镜成像”教学叙事

2017年11月份，我到一所学校听课学习，听的是一堂八年级物理公开课，课题是“平面镜成像”。从课题的引入，到科学探究平面镜成像的特点，整个教学过程有条不紊，老师的上课、语言、板书、课堂组织可以说无可挑剔，特别是科学探究过程，从探究到得出结论，学生都配合得很好。听课老师给予很高的评价。我在感叹老师的教学水平和学生良好素质的同时，也感到有些疑惑。课后，我找几位同学问了其中的一些情况，他们说：这节课所探究的平面镜成像特点的结论，老师早已告诉了学生，他们在探究时，只不过是在验证这些结论，和老师配合就行了。一语道破了这节课“成功”的秘密。

科学探究是新课程改革中的一大亮点，贯穿在整个物理课程教学中。设置科学探究的目的在于让学生亲自体验科学探究的过程，在此过程中学会提问，学会思考，学会收集证据，进而得出实验结果，旨在培养学生的动脑和动手能力。而在实际的教学过程中，为了追求一堂课的完整性，规范一堂课的秩序，我们往往会省略科学探究的大部分过程，将科学探究变成验证性实验。这与设置科学探究的初衷相悖，剥夺了学生探究的兴趣和过程体验，对发展学生的科学素质和科学思维极为不利。笔者认为让学生充分展示自己的思维过程，锻炼动手和实践能力，让学生在科学探究过程中体会成功的快乐，有利于发展学生的心理和智力。

在今后的教学中，我们要力争改变原有的课堂教学理念，扎实地体现出新课改中的科学探究设置的意义，开放学生的行为空间，培养学生的科学探究能力，以利于学生的持续发展。

十、实验改进，增强效果——“凸透镜成像的规律”教学叙事

物理八年级上册“凸透镜成像的规律”实验中，用蜡烛作为光源简单易行，可以帮助学生得出凸透镜成像的基本规律，对培养和提高学生的实验能力，提高学生的知识水平起到了积极的作用。但实验中用蜡烛作为光源有几点不足。

第一，蜡烛在燃烧的过程中不断变短，燃烧一段时间后就不能使烛焰中心、

凸透镜光心和光屏中心在同一高度上，而在光屏上找不到像的位置时就必须重新调整蜡烛的高度，增加了调整的程序。第二，烛焰易晃动且大小不稳定，从而对光屏上像的清晰度产生影响而不便于观察。第三，由于此实验要在暗室中进行，空气流通不畅，蜡烛在燃烧时发出浓烈的气味使实验室内二氧化碳浓度增加，会让学生感觉不适。第四，在实验过程中蜡烛不易固定，如果不慎掉落还容易引发火灾，存在安全隐患。由于以上因素，笔者认为可以利用LED灯作为光源来替代该实验中的蜡烛。

实验中用此光源替代蜡烛，具有如下优点。

(1)在该实验中，光源的位置始终固定在透镜的主光轴上，而且该光源也不会受风的影响而晃动或改变大小，避免了由于蜡烛燃烧变短、烛焰晃动等因素给实验带来的不利影响，使光屏上所形成的像更加清晰、稳定，从而减小实验误差。

(2)使用蜡烛时，烛焰所成的像可以使学生非常直观地得出蜡烛成上下倒立的实像，却不能观察所成的像也有左右相反的特点。由于该光源为F形，从光屏上所成的像可以直观地观察到，像的左右也是相反的，这样在实验的过程中就能纠正学生那种片面的认识，即凸透镜成实像时只是上下倒立。这是使用蜡烛作为光源时不能直接观察到的。

(3)该光源还具有安全可靠、可重复使用的特点。

只要肯思考，就能改进实验，增强实验的效果，让学生更易接受知识，形成能力。

十一、一道物理实验题所引发的思考——“测量物质的密度”教学叙事

新课程理念强调把课堂还给学生，即学生是学习的主体，教师是课堂的组织者和引导者。这一观点的确是顺应时代发展的，因为现代社会是知识爆炸的时代，如果老师总是认为自己就是权威，那么这样的老师终将被时代所淘汰。知识日新月异，不断更新，很多东西或许我们老师并不比学生有优势，比如在手机、电脑的使用上，我们很多老师就不如学生。所以我们老师的确应该静下心来多倾听学生的声音，多采纳学生的意见。

(一)备课时的片段

那是我们一周一次的教学研讨会，教研组的一位老师拿到一张模拟试卷，便

兴致勃勃地做了起来。当他做到实验题时,发现有这样一道题他不知道该怎么作答:没有量筒,只有烧杯、水和带砝码的天平,小明想测出酱油的密度,于是他的操作如下,第一步先测出空烧杯的质量为 m_1;第二步,在烧杯里装满水,测出此时的总质量为 m_2;第三步,把水倒掉,擦干净再倒满酱油,测出此时的总质量为 m_3,即可根据 $\rho_{酱油}=(m_3-m_1)/(m_2-m_1)\times\rho_{水}$ 求出酱油的密度,问:小明这种测量方法有何不妥之处?说实话,当时他一问,大家都蒙了,因为我们平时也给学生讲过这种测量方法(即利用烧杯前后装水和装酱油的体积相同来进行实验测量),但都没讲过有什么不妥,也从没认真思考过这个问题。这时,有老师建议把这个问题删掉,也就是让学生不做这个问题,因为我们在场的老师都不知道答案是什么,觉得就没必要让学生去做。可是我们教研组长觉得既然是其他省市中考考过的题,我们还是有必要去练一练,检测一下学生的思维,所以我们就去网上查找,结果答案的确出乎意料,是烧杯装满水,容易溢出,不便于操作。

(二)检测后的惊喜

为了检测一下学生最近学习的情况,我就把试卷发给他们,并要求当堂独立完成。其实我这样做的目的也是想看看是否有学生会想出那个让老师都觉得难以想到的答案。结果令我非常惊讶和惊喜,当我把试卷批改完后,我发现有好多爱动脑筋的学生想到了这个答案,还有好几个同学的答案很接近标准答案,他们的答案有以下几种:(1)烧杯两次装水和酱油的体积不一定完全相同,因为装满是不好控制的,所以存在不妥;(2)我们在做这个实验时,由于肉眼无法准确判断出是否在不溢出的前提下将水或酱油装满,所以存在不妥;(3)当装满水或酱油后,再用天平去测出质量这一环节是不好操作的,容易在移动烧杯的过程中将液体溢出,所以存在不妥。

(三)评价与反思

由此可以想到,学生的潜力是不可估量的,他们的思维其实是很开阔的,有的时候我们并不需要把问题的答案直接抛给学生或是给学生把答案限定死了。因为作为新时代的教师,为了尽可能让学生的思维活跃起来,让他们的潜能得到最充分的发挥,让他们的才华得到最大限度的展示,我们应该大胆放手,把问题直接抛给学生,让他们去思考,让他们尽情地表达出不同的观点和看法,让学生之间形成思维与思维的撞击，从而激发他们不断创新的能力，也就是把课堂真正还给学生，让他们作为课堂的主体。这样才能培养学生爱动脑筋、善于表达的能力，也只有这样才能培养出更加符合时代发展的创新型人才。

十二、学习科学家的科学探究方法——“牛顿第一定律”教学叙事

探究“阻力对物体运动的影响”是学习“牛顿第一定律”的基础实验，是学生正确理解力与运动关系的基础。传统的教学建议是：

做课本中的演示实验，使学生认识物体受到的阻力越小，速度改变越慢。每次实验前向学生交代清楚实验的条件和做法：三种粗糙程度不同的表面；每次实验用的是同一个小车，让它从斜面的同一高度滑下，以保持小车在三种表面上开始运动时的速度相同。使学生知道实验中的哪些条件保持不变，变化的是什么条件，渗透研究方法。同时提醒学生注意观察三种情况下小车运动变化的情况和变化的条件，分析引起变化的原因。使学生明确实验目的，动脑筋思考问题。

新课程标准要求：

学生在科学探究活动中，通过经历与科学工作者进行科学探究时的相似过程，学习物理知识与技能，体验科学探究的乐趣，学习科学家的科学探究方法，领悟科学的思想和精神。

在这一教学片段中，我尝试从制订计划与设计实验这一科学探究要素入手来培养学生的探究能力。

(1)根据探究目的(阻力对物体运动的影响)引导学生选择科学的探究方法：控制变量法。

(2)围绕探究方法，选择实验器材与设计实验过程。

控制变量法就是当一个物理量受到两个或两个以上的因素影响时，研究某一个因素如何影响这个物理量，就需要控制其他因素都不变，只让这一因素变化，看物理量如何变化。本实验需控制“小车的初末速度”这一因素不变，而让小车受到的阻力这一因素发生变化。

让小车受到的阻力这一因素发生变化，就需让小车在不同的平面上运动，故本实验需准备毛巾、木板、玻璃三种平面。

关于控制“小车的初末速度”这一因素不变，引导学生得出保证小车在三种平面的初始速度和末速度都一致即可。

通过教师演示小车从斜面的不同高度滑下，学生容易总结出：要保证小车在三种平面的初始速度相等，必须让小车从同一高度滑下。于是发现本实验还需一个斜面。

由于小车受阻力的作用，速度越来越小最后都会静止下来。当小车在三种平面上静止时，它的末速度都为零。

通过以上引导，学生很容易设计出该实验：给水平桌面铺上粗糙程度不同的物体（如毛巾、木板、玻璃等），让小车自斜面顶端从静止开始滑下。观察小车从同一高度滑下后，在不同表面上的运动距离。

在教学中认真实施科学探究，能将学习重心从过分强调知识的传承和积累向知识的探究过程转化，让学生从被动接受知识向主动获取知识转化，从而培养学生的科学探究能力、实事求是的科学态度和敢于创新的探索精神。

十三、改进实验，方便测试——“摩擦力”教学叙事

在探究影响滑动摩擦力大小的因素的实验中，物理教材根据二力平衡的原理，设计了用手拖动弹簧测力计拉动木块做匀速直线运动来测滑动摩擦力的实验。学生在实验操作时发现很难保证让木块做匀速直线运动，而且弹簧测力计在运动的情况下，也不便于读数。于是我在教学实践中与学生一起利用已有知识对该实验做了如下的改进，取得了不错的效果，还方便测试。

将弹簧测力计一端固定，另一端钩住木块，木块下面是长木板。实验时拖动长木板运动，然后读出弹簧测力计的示数，即可测出木块和木板之间的摩擦力。这样设计的好处：改拉木板而不拉木块，就不需要让木板一定做匀速直线运动，克服了原实验必须匀速拉动木块的不足，降低了实验操作的难度，木块和弹簧测力计处于静止状态也便于读数。不足之处：弹簧测力计由于有自重，实验中很难使它处于水平状态，拉力与摩擦力不易在同一直线上。

十四、应用转换法突破教学难点——“压强”教学叙事

“压力”作为弹力的一种，既很抽象（认识概念角度）又很具体（产生效果角度）；“压力”是一个根据其作用效果命名的物理量，研究的是力的形变效果，本质上属于弹力；压力是日常生活中常见的一种力，学生有较多的知识经验和直观感受，但学生对压力的方向、压力与重力的区别、液体对容器底部压力与液体自身

重力的关系等的理解始终是难点。教学中合理恰当利用学生已有的知识经验，通过实验探究压力的方向、压力与重力的区别、液体对容器底部压力与液体自身重力的关系等，可促进学生科学思维的发展，化抽象为具体来突破教学难点。

（一）探究压力的方向与接触面的关系

1.实验器材

钢直尺、木板、乒乓球、弹簧。

2.教学设计

（1）体验：学生用右手按压左手。

（2）实验：用手压缩弹簧、压钢尺，观察用力的方向与形变的效果。

（3）演示实验。（如图4-2-1）

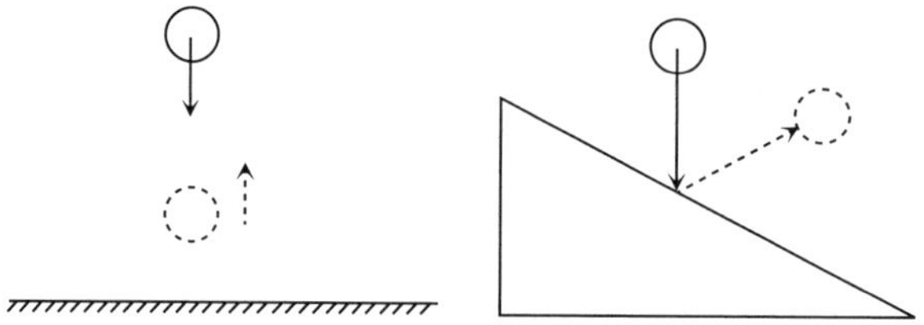

图4-2-1

演示乒乓球自由下落在水平木板上，观察乒乓球弹起方向，弹起方向是竖直向上。

演示乒乓球自由下落在斜木板上，观察乒乓球弹起方向，弹起方向不是竖直向上而是几乎垂直于斜木板。

通过演示实验的现象分析自然得出，压力的方向是垂直并指向受压物体表面。

（二）探究固体对接触面的压力与自身重力的关系

1.实验器材

钢直尺、重物块。

2.演示实验

用钢直尺、重物块、细线按如图4-2-2所示方法演示物体在水平面和斜面上的压力作用效果并比较，从而得出压力与重力大小关系。

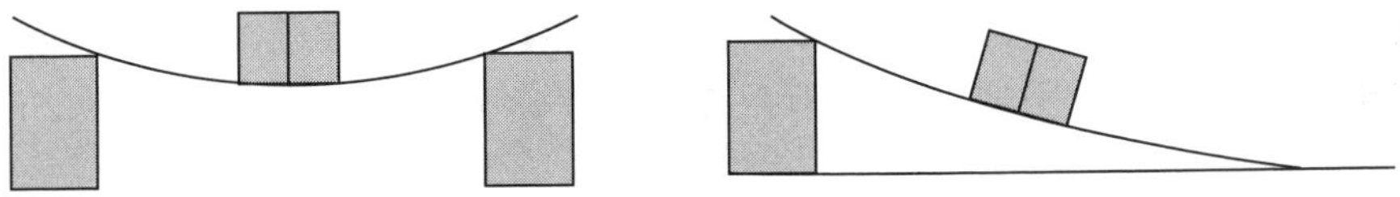

图 4-2-2

用实验的方法，化抽象为具体，通过观察重物块放在水平面钢直尺上，直尺被压弯程度较大，同一重物块放在钢直尺构成的斜面上，直尺被压弯程度较小(逐步增大斜面倾角，直尺被压弯程度更小，当倾角达90°时没有作用效果)，对比分析钢直尺被压弯程度自然得出压力与重力的区别。

十五、身边物品在初中物理实验中的应用——“压强”教学叙事

新课改的实施为物理教学带来了许多变化，如教师的教学观、学生的学习观、学生的学习积极性、师生关系、教学方法、学习方式、对学生的评价、教师的素质等各个方面，下面就针对更新课程理念方面的案例进行评析。

“压强”一节的几个教学亮点。

亮点一：幻灯片出示几个场景。(1)在茫茫的林海雪原上穿滑雪板的人很轻松地滑雪，而不穿滑雪板的人却很难行走；(2)在沙漠行走的骆驼长着又大又宽的脚掌，而马却很容易陷进沙子中；(3)往学校运煤的汽车走过后，在操场上留下一道深沟。我让学生进行观察并且对这些实例共同的特征进行分析，让学生猜想：压力的作用效果与什么因素有关？

亮点二：给学生准备一些器材，其中有小桌、海绵、砝码，让学生讨论如何利用实验探究前面的猜想。学生讨论后很容易得出实验方法，让学生发言说出他们的方法，其中有不符合控制变量法的，这时让其他学生说出存在的问题，教师适时点拨，使他们很好地使用控制变量法进行探究。

亮点三：在例题处理上，首先让学生看书中例题，让学生交流解决此类问题应该注意哪些问题，学生的交流和发言把我们想到的问题都说出来了。随后，我又出示了一道稍有难度的关于受力面积和压力大小确定的例题，让学生讨论交流，学生顺利完成了解题过程。

通过利用科学探究，发挥学生的主体作用的方法，使学生在本节课得到了全面的收获和发展，学生从生活走向物理，再从物理走向社会，符合当前的课改理念。新课改的中心环节是课程实施，而课程实施的基本途径是课堂教学，转变教

师的教学行为，改变学生的学习方式，是课堂教学改革的重点，也是实现以学生发展为本的关键。这节课在教学中充分发挥了学生的主体作用，充分调动了学生探究的热情。

教学反思：通过本节课的教学，我发现，在以往的教学中，不能很好地开放思维，不能很好地发挥学生的主体作用，不能将教学理念很好地应用到实际教学中。今后要大胆地放开思路，引导学生发散思维。

十六、改进实验，达到理想效果——“液体的压强”教学叙事

研究液体内部压强的实验是一个重要的学生实验，传统做法需要用铁架台固定压强计，通过压强计金属盒方向和深度的改变来研究液体的压强与液体的深度、密度的关系及在同一深度各个方向的压强的关系。

如果按照上面的做法，该实验在操作上存在一些不便之处。首先是压强计需要用铁架台来固定，比较麻烦，重要的是，要研究在同一深度液体向各个方向的压强之间的关系，应该在特定的深度改变金属盒的方向，这时需要一只手扶住连杆，另一只手转动金属盒的方向，同时还需要用刻度尺来标明深度，一个同学根本无法完成，就是两个同学共同操作，也往往手忙脚乱，难以完成，课堂秩序比较混乱。实验完成得不理想，就会造成学生对液体压强内部规律的不理解，只能死记硬背，不仅影响学习效果，还会降低学生学习物理的兴趣和积极性。

针对以上问题，为了达到理想的效果，我对该实验做了如下改进。具体操作方法如下：

把U形管固定在底座的一端，另一端用固定支架使透明盛液筒固定。紧靠透明盛液筒，固定刻度尺，这样可以直观地观察液体的深度。在设计的时候，我特意使刻度尺的零刻度线在上，以免对学生理解液体的深度造成误导。另外，我设计了一个金属夹，在该金属夹上打开一个缺口，使之恰好可以卡在透明盛液筒上。当金属盒已处于适当的深度时，把金属夹夹在连杆上，再把它卡在透明盛液筒上，金属盒的深度就固定了。这样，只用一只手就能改变金属盒的方向，在实验的同时，还可以记录数据。当再需要改变液体的深度时，只需移动金属夹在连杆上的位置就可以了。

经过改进，该实验由一人即可轻松完成，课堂上秩序井然，学生对知识理解透彻，学习物理的信心有所增强，教学效果很好。

十七、利用身边物品来突破教学重难点——“物体的浮沉条件及应用”教学叙事

众所周知，物理学是一门以实验为基础的学科。我们老师不能以没有实验器材为借口不给学生做实验。我们可以利用身边的物品来代替实验器材，那样更能激起学生学习物理的兴趣，也更能让学生明白物理来源于生活，并可运用于生活。下面就以“物体的浮沉条件及应用”为例来为大家浅谈一下我是如何自制实验器材进行实验的。

好的开端是成功的一半。上课前，当我把小西红柿和大橘子拿出来时，学生们都用惊异的目光看着我。于是我立即提问：“同学们，如果老师把这一大一小两个水果浸入水中放手后，会出现什么现象呢？”学生们顿时七嘴八舌各抒己见起来，有人认为两个都浮起来，有人认为两个都沉下去，也有人认为小西红柿会浮起来，大橘子会沉下去……那到底会是什么样的呢？当我把它们浸入水中放手后奇迹出现了，学生们发现小的西红柿下沉了而大的橘子浮了起来。于是我趁机再问：“为什么会出现这样的情况呢？”“因为橘子体积大所以排开水的体积大，所以就能浮起来。”有同学这样抢答。“那是不是这样的呢？老师这里有一个体积更大的土豆，我们再来做一次实验，请大家看好了哦。”我边说边做。奇迹又一次出现在大家的面前，结果比橘子体积更大的土豆下沉了。这时同学们都感到非常惊讶，都用诧异的目光盯着我。我想要的结果又一次出现，于是我顺理成章引入新课：“那到底是什么在决定着物体的浮与沉呢？今天我们就一起来学习一下‘物体的浮沉条件及应用’。”

进入新课时，我继续给学生抛出问题：“大家知道浸没在水中的物体，放手后受到几个力的作用吗？各个力的方向是怎样的？”这个问题对学生来说并不难，我为什么要这么问呢？主要是为后面的实验和同学们画图进行受力分析做铺垫。当学生们很轻松回答出这一问题后，我拿出自己去校医那里找来的三个完全相同的装注射药品的小瓶子，并在里面装入了质量不同的滴有红墨水的水（这样做的目的是让学生们能很清楚地看出每个瓶子里装的水的质量是不同的）。我问道：“大家看这三个小瓶子有相同点和不同点吗？”马上有学生回答：“它们外观完全一样，只是里面装的水的质量不一样。”我说：“很好，那如果老师把它们分别浸入水中再松手，大家说它们三个受到的哪个力是一样大的？”“浮力一样大。”

有学生快速答道。“为什么?”我趁机追问。刚才那个学生立即回答:“因为它们是完全相同的瓶子,体积相同,又都是浸没,所以排开水的体积相同,于是浮力相同。”“回答得非常好,同学们掌声在哪里?”我高兴地说道。教室里顿时响起了热烈的掌声。“那大家猜想我把它们浸入水中松手会怎样呢?请大家认真观察实验现象。”我边说边做实验。然后我请了一位同学起来说他所看到的实验现象,并提问:“你知道原因吗?”学生回答说:“是因为它们三个所受到的重力不一样。”“很好,那下面请大家把这三种不同情况的受力分析在书上画出来,注意,力大的线段要画长一点儿哦。”就这样我又让学生结合刚才观察到的实验现象,对上浮、悬浮和下沉进行了受力分析。在我的引导下,学生自己总结出了物体的浮沉条件之一,即通过比较浮力与重力的关系来判断到底是上浮、悬浮还是下沉。

其实,先观察实验现象,再结合受力分析通过比较浮力与重力的大小来判断物体的浮沉情况是相对简单的,要想学生理解并掌握根据比较液体和物体的密度大小来判断物体的浮沉情况则相对较难。那怎样才能更好地突破这一重难点呢?我利用随手可得的鸡蛋想到了如下实验:先配制好一杯盐水,让鸡蛋能在这杯盐水中恰好处于悬浮状态。然后,我展示给学生这一悬浮在盐水中的鸡蛋,并提问:“同学们,你们谁能想办法让这颗鸡蛋上浮和下沉呢?老师提供的器材有一杯清水和一袋盐。”顿时学生们纷纷讨论起来。“谁来给大家先演示一下使悬浮在盐水中的鸡蛋上浮的办法?”我问道。马上有同学举手并走上讲台,他向盐水中继续加盐并用筷子搅拌,不一会儿鸡蛋上浮起来,并漂浮在了水面上。我趁机问道:“你能说说你是通过什么办法来使鸡蛋上浮的吗?”他说:“是通过增大盐水的密度。”然后我又请了一位学生来演示使鸡蛋下沉的办法。那位学生则通过往盐水中继续加清水的办法使鸡蛋下沉。我也趁机问道:“你这样做的目的是什么呢?”她说:“我是通过减小盐水的密度使鸡蛋下沉的。”当学生们自己动脑动手实验,并观察到实验现象后,我就继续提问:“同学们,通过这两个实验,我们能得到什么启示呢?”“我们可以通过比较液体和物体的密度的办法来判断物体的浮沉。”大家异口同声地回答。我开心地笑了,因为我的努力的确收到了我想要的效果。于是我带领大家通过鸡蛋悬浮时浮力与重力相等的公式,推导出此时盐水的密度与鸡蛋的密度相等。因此当同学们往盐水中加盐,就增大了盐水的密度,即此时盐水密度大于了鸡蛋的密度,大家观察到了鸡蛋上浮;当向盐水中加清水时，就减小了盐水的密度，即此时盐水的密度小于了鸡蛋的密度，大家观察到鸡蛋下沉。由此引导大家得出液体和物体的密度决定物体浮沉情况的结论。学生们愉快又轻松地掌握了这一相对较难的知识点。

我们都知道轮船是钢铁制造的，钢铁的密度比水的密度大，理应下沉，那么如何让学生理解轮船是怎样漂浮在水面上的呢？我首先找到了家里一个丢弃的易拉罐，用剪刀剪下一块铝皮。上课时，我先把它折叠一下放入水中，下沉了，然后提问："同学们，谁能想办法让这个沉入水中的铝皮漂浮起来？"学生们又纷纷讨论起来，等大家安静下来后，我觉得肯定有答案了，便问道："谁愿意上来给大家展示一下做法？"有学生举手并上来动手做起来，他将铝皮展开然后四周向上折起，中间就成了空心，然后他再小心翼翼把它放在水面上，结果被改造之后的铝皮真的就稳稳地漂浮在了水面上。于是我又趁机追问："你这样做是通过增大什么来增大浮力的呢？""通过把铝块做成空心状来增大排开水的体积从而增大浮力的。"学生刚回答完，全班就响起了热烈的掌声。说明大家都非常赞同并欣赏他的办法。然后我再引导学生顺理成章地得出，这就是我们现代常用交通工具——轮船的制造原理，即采用空心的办法，增大可以利用的排开液体的体积，从而增大浮力使轮船漂浮在水面上。学生自己思考讨论并动手成功完成了实验，最终得到大家的肯定，这一过程不仅锻炼了学生的思维能力，也锻炼了他们与人交流的能力，同时当学生实验成功后，得到大家的掌声，还会更好地树立自信心和成就感。因为大胆上来做实验的一般都是成绩相对较差，平时比较调皮捣蛋的同学。

那怎样更好地让学生理解潜水艇上浮下潜的工作原理呢？学校没有潜水艇模型，想来想去，我突然想到了刚才用到的三个小瓶子，于是我再一次拿起装水最少的小瓶，提问："同学们，我们不改变液体的密度，怎样才能使它下沉呢？""给它装入更多的水。"学生们异口同声答道。我继续拿出装水最多的小瓶放入水中，问："那大家说怎样能使它浮起来呢？""倒出一部分水。"学生们又一次不约而同地回答。我高兴地继续追问："那大家是通过什么办法实现上浮和下沉的？""通过改变小瓶自身的重力。"由此我又一次顺理成章地引出通过这一原理，科学家们制造了潜水艇。即潜水艇就是通过两边的排水仓来吸水或排水从而改变自身重力来达到下潜和上浮的目的的。通过生活中找到的瓶子，我又一次将本来较难的知识变得非常简单明了。

“物体的浮沉条件及应用”这一课，我就通过以上几个生活中随手可得的物品来设计实验，并一次又一次提出问题，引起学生思考，同时也让学生们亲自参与设计并操作实验。这不仅激发了学生的求知欲，也培养了学生思维能力和动脑动手的能力，同时让学生进一步认识到物理的确来源于生活，并可运用于生活。

十八、给学生动起来的机会——“物体的浮沉条件及应用”教学叙事

在进行“物体的浮沉条件及应用”的教学时，为了讲清楚物体的悬浮条件，我将教材中的实验进行演示：用小瓶子装水后，放入烧杯的水中，不断地调节瓶中的水量，来使瓶重与浮力相等，使小瓶子处于悬浮状态。这个实验的关键是调节瓶内的水量，差之毫厘，瓶子就无法悬浮。我们几位老师在办公室共同花了近十分钟，反复调节瓶中的水量，才使小瓶悬浮起来。我心想，反正是在自己的学校上课，我花上几分钟，总能演示成功吧。带着这样的侥幸心理，我走进了教室。果然，我在演示小瓶在水中悬浮时，遇到了麻烦，我反复用注射器调节水量，都无法让小瓶子悬浮在水中，心里着急窝火。突然，一个声音响起：“老师，你用注射器吸点盐水，放入烧杯中，试试看。”

“哎呀，我怎么没有想到呢？”我不禁喊了起来。我转而一想，何不让这位同学来试试呢？

很快，这位同学在其他同学的注视下，用注射器往烧杯中滴注盐水，小瓶子终于悬浮起来了！“哗——”一阵掌声响起，这位同学带着满意的笑容回到座位上。

传统的教学方式以灌输为主。课堂上，我们已经习惯了老师的滔滔不绝，学生边听边记，紧跟不舍。看起来，老师讲授不遗余力，学生听课认真用心，其实课堂一潭死水。在课堂上，总是教师实验演示，不敢放开手脚让学生动手操作，低估了学生的动手能力。实际上，这种灌输式教学必然会导致学生死记硬背的学习方式，不会动手做实验探究也就不足为怪了。物理是与实践联系非常紧密的一门学科，应当给学生留下更多实践的机会，激发他们探求知识的兴趣和热情，并能主动地提出学习中的问题，更好地掌握物理知识与规律。在此基础上，进一步鼓励学生大胆地去尝试和发现，培养他们的创新意识和能力。因此，我们必须彻底摒弃陈旧的教学方式，将科学实验活动和自主思维的空间归还给学生，使他们成为课堂学习的主人和知识的主动探求者。

十九、师生对话，探究现象背后的真实——“测量滑轮组的机械效率”教学叙事

在实验室做完“测量滑轮组的机械效率”实验后，几位同学来到我的办公室，问了一些问题，现梳理如下，以供大家参考。

（一）为什么要使钩码匀速上升

因为当钩码匀速上升时，钩码受到向上的拉力才等于其重力，有用功才等于钩码的重G与上升高度h的乘积，同时弹簧测力计的示数也等于作用在滑轮组绳子末端的拉力F，总功才等于弹簧测力计示数F与上升距离s的乘积。若钩码上升的速度增大，算出的机械效率会变小；若钩码上升的速度减小，算出的机械效率会变大。

（二）为什么不多次测量求平均值

因为对一个滑轮组而言，其机械效率并不是一个定值。

设动滑轮重为G_1，每个钩码的重为G_2时，在不计绳重和摩擦的情况下，匀速提起一个钩码时，机械效率$\eta_1=G_2/(G_1+G_2)$；若匀速提起两个钩码时，则机械效率为$\eta_2=2G_2/(G_1+2G_2)$。明显可知$\eta_1\neq\eta_2$，即同一个滑轮组的机械效率与所提钩码的重有关，因此不必对这些本来就不相同的数求平均值。

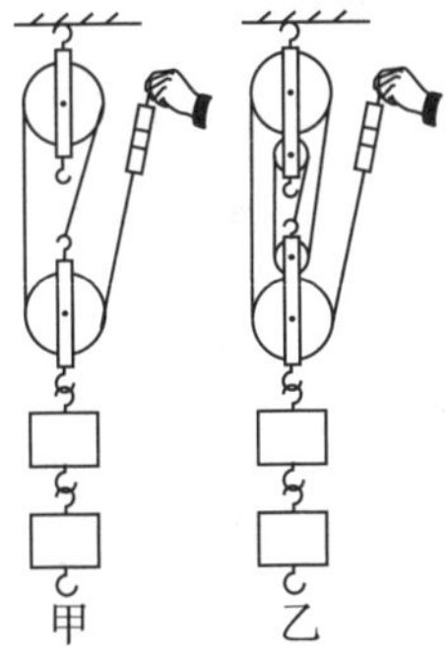

图4-2-3

（三）用如图4-2-3的方法提起等重的钩码时，甲、乙两图所示的滑轮组的机械效率为何不等？且甲图的机械效率大于乙图

图4-2-3中甲、乙两图所示的滑轮组提起等重的钩码匀速上升相同的高度时，所做的有用功相同，但甲图为一个动滑轮，乙图为两个动滑轮。因而，甲图中滑轮组所做额外功小，乙图所做额外功大，因而它们的效率不等，且甲图的机械效率大于乙图中轮滑组的机械效率（由此可看出机械效率的高低与机械的省力情况无关）。

（四）如果没有刻度尺，能否测出滑轮组的机械效率

能。只要知道滑轮组的组装情况，便可数出承担重物重力的绳子段数n，并

用弹簧测力计测出钩码的重G,并读出使重物匀速上升时弹簧测力计的示数F。设重物升高h时,则拉力F通过距离为$s=nh$,$\eta=Gh/Fs=Gh/Fnh=G/nF$。

(五)实验记录表是如何设计出来的

实验记录表要依据一定顺序来设计,其顺序是首先设计组别栏,然后设计实验直接测量的物理量栏,最后设计由测出的物理量经运算求出的物理量栏,包括一次运算和二次运算量,以此类推。故该实验记录表应有组别栏,直接测量物理量4栏(G、F、h、s),由测的物理量经一次运算得出物理量2栏($W_{有}$、$W_{总}$),经二次运算量1栏(η),故该实验记录表为:

组别	甲	乙
钩码重G/N		
拉力F/N		
钩码上升高度h/m		
弹簧测力计上升的距离s/m		
有用功$W_{有}$/J		
总功$W_{总}$/J		
机械效率η		

二十、用特殊方法测物质的密度——“密度”教学叙事

密度的概念在初中物理中占有非常重要的分量,是教学目标中少有的几个要求理解的概念之一。因此,密度测量这一力学实验也就获得了众多命题人的青睐,很多省市的中考均考查了密度测量的设计。

众所周知,无论是测量固体的密度,还是液体的密度,总离不开密度公式$\rho=\frac{m}{V}$。因此,测密度时总是要先测出物体的质量和体积。但是某些具体题目中由于所给器材的局限,不一定能够直接测出质量或体积。这就需要我们想办法转换一下,间接测出质量或体积。下面笔者就特殊测量密度的方法做如下说明:

(一)"沉坠法"测漂浮物的密度

像木块、石蜡这样漂浮在液面上的物体,其体积无法直接用排水法测量,我们可以先用"沉坠法"测量出它的体积,进而测量出它的密度。下面,以木块为例,介绍一下这种测量方法。

(1)用天平测量出木块的质量,记作m。

(2)把一块大小合适的石块用细线拴好,浸没在盛有水的量筒中,测量出石块和水的总体积,记作V_1。

(3)取出石块,用细线把石块和木块拴在一起,然后一起浸没在水中,测量出木块、石块、水的总体积,记作V_2。则木块的体积为:$V=V_2-V_1$。

(4)木块的密度为:$\rho=\dfrac{m}{V}=\dfrac{m}{V_2-V_1}$。

(二)"饱和溶液法"测溶解于水的物质的密度

像白糖、食盐这样溶解于水的物质,其体积也无法直接用排水法测量,我们可以先用"饱和溶液法"测量出它们的体积,进而测量出它们的密度。下面以食盐为例,介绍一下这种测量方法。

(1)用天平测量出适量的食盐的质量,记作m。

(2)在量筒中加入适量的水,然后加入足量的食盐,充分搅拌,直至食盐不再溶解,量筒底有少量食盐晶体为止,此时量筒中的液体为食盐的饱和溶液,读出溶液和剩余食盐晶体的总体积,记作V_1。

(3)把测量好的食盐加入量筒中,读出此时溶液和食盐的总体积,记作V_2,则食盐的体积为$V=V_2-V_1$。

(4)食盐的密度为:$\rho=\dfrac{m}{V}=\dfrac{m}{V_2-V_1}$。

(三)"等容法"测物体的密度(没有量筒只有天平)

1.测不规则石块的密度

(1)用天平测出石块的质量$m_{石}$。

(2)在烧杯中倒入适量的水,称出质量m_1,再将石块浸没在烧杯中的水中,在水面处做一记号。

(3)将石块取出后向烧杯中倒水至记号处,称出总质量m_2,后倒入的水的质量$m_{水}=m_2-m_1$。

(4)求出石块的体积为:$V_{石}=V_{水}=\dfrac{m_2-m_1}{\rho_{水}}$。

(5)求出石块的密度为:$\rho_{石}=\dfrac{m_{石}\rho_{水}}{m_2-m_1}$。

说明:由于有天平,所以石块的质量可以直接测得,但没有量筒,石块的体积无法直接测得,我们就用已知密度的水和天平配合间接测出石块的体积。在烧杯中倒入适量的水,再将石块浸没在烧杯内的水中,在水面处做一记号,将石块取出后向烧杯内倒水至记号处。则后倒入的水的体积就等于石块的体积,测出后倒入水的质量除以水的密度就是后倒入水的体积,即石块的体积。

2.测液体的密度

对于液体,我们可以借助水,不用量筒,只用天平,运用“等容法”测出其密度。下面以酒精为例,介绍一下这种测量方法。

(1)用天平测出一个大小合适的小烧杯的质量,记作m_0。

(2)把小烧杯装满酒精,用天平测出小烧杯和酒精的总质量,记作m_1。则酒精的质量为:$m=m_1-m_0$。

(3)把小烧杯中的酒精倒出,擦净,装满水,用天平测出小烧杯和水的总质量,记作m_2。则水的质量为:$m_{水}=m_2-m_0$。

酒精的体积为:$V=V_{水}=\dfrac{m_{水}}{\rho_{水}}=\dfrac{m_2-m_0}{\rho_{水}}$。

(4)酒精的密度为:$\rho=\dfrac{m}{V}=\dfrac{m_1-m_0}{\dfrac{m_2-m_0}{\rho_{水}}}=\dfrac{m_1-m_0}{m_2-m_0}\rho_{水}$。

(四)曹冲称象法

用此办法可测固体密度,也可测液体密度。下面以用量筒、烧杯、足量的水测一石块的密度为例介绍此方法。

(1)将石块放入烧杯底部中央,再把烧杯放入水中,在烧杯和水相交处做记号。

(2)将石块取出,向烧杯中倒水,一直到记号处与水面相平。

(3)将烧杯内的水倒入量筒内,记下体积 V_1。

(4)在量筒内放入石块,使其浸没,记下体积 V_2。

(5)推导出石块的密度为:$\rho_{石}=\dfrac{V_1\rho_{水}}{V_2-V_1}$。

(五)弹簧测力计法

1.弹簧秤读数差法

若固体密度大于液体密度,可用此法测固体密度。

例:现有一把弹簧秤、足量的水、细绳,如何测石块密度?

方法:

(1)细绳系住石块,用弹簧秤称出石块在空气中重 G_1。

(2)将石块浸没水中记下弹簧秤示数 G_2。

(3)推导:$F_{浮}=G_1-G_2$。

$$V_{石}=V_{排}=\frac{F_{浮}}{\rho_{液}g}=\frac{G_1-G_2}{\rho_{水}g},G_1=V_{石}g\rho_{石},\rho_{石}=\frac{G_1\rho_{水}}{G_1-G_2}$$

2.比较法

若固体密度大于水的密度,大于待测液体密度,可用此法测待测液体密度。

例:现有弹簧秤、细绳、石块、足量的水和牛奶,如何测出牛奶的密度?

(1)细绳系住石抉,用弹簧秤称出石块在空气中重 G_1。

(2)将石块浸没水中记下弹簧秤示数 G_2。

(3)将石块浸没牛奶中记下弹簧秤示数 G_3。

(4)推理得出:

在水中受到的浮力:$F_1=G_1-G_2$,即 $\rho_{水}gV_{石}=G_1-G_2$。

在奶中受到的浮力:$F_2=G_1-G_3$,即 $\rho_{奶}gV_{石}=G_1-G_3$。

两式比较得:$\rho_{奶}=\dfrac{(G_1-G_3)\rho_{水}}{G_1-G_2}$

3.沉锤法

若物体密度小于已知液体的密度,可用此法测量。

例:现有一木块、一铁块、足量的水、细绳、弹簧秤,如何测木块密度?

方法：

(1)细绳系住木块，用弹簧秤称出木块在空气中的重G_1。

(2)在木块下再系一铁块，将铁块浸没水中记下示数G_2。

(3)将木块、铁块都浸没水中，记下弹簧秤示数G_3。

(4)推导:木块受到的浮力$F_{浮}=G_2-G_3$。

木块的体积为：$V_{木}=V_{排}=\dfrac{F_{浮}}{\rho_{液}g}=\dfrac{G_2-G_3}{\rho_{水}g}$。

木块的密度为：$\rho_{木}=\dfrac{G_{木}}{V_{木}g}=\dfrac{G_1\rho_{水}}{G_2-G_3}$。

(六)二力平衡法

设计水中漂浮的情况，利用浮力等于重力推导出物体的密度。

例：已知水的密度为ρ_1，现有一支粗细均匀的圆柱形平底试管，一把刻度尺，一些小铅粒，两个烧杯，一个烧杯内盛待测液体，如何测出某种液体的密度ρ_2?

步骤：

(1)在试管中装入适量铅粒。

(2)将盛有铅粒的试管放入盛水的烧杯中，使之竖直浮在水中。

(3)用刻度尺测出浸入水中的深度h_1。

(4)将试管从水中取出，擦干，再放入被测液体的烧杯中，使之竖直浮在液体中。

(5)用刻度尺测出浸入水中的深度h_2。

(6)推导出液体的密度为：$\rho_2=\dfrac{h_1}{h_2}\rho_1$。

(七)杠杆平衡条件法

1.利用杆秤制造密度秤

杆秤是民间的一种测量质量的工具(如图4-2-4)。使用时，将待测物体挂在秤钩A处，用手拎住秤纽B处(相当于支点)，秤砣D在秤杆上移动，当秤杆水平平衡时就可以在秤杆上读出读数。以可以用杆秤测量液体的密度，已知小桶的容积是V，秤砣的质量为M_0(小桶的质量忽略不计)。

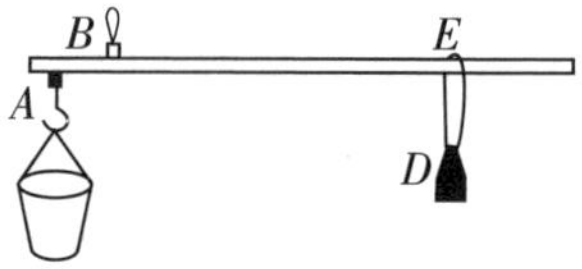

图4-2-4

(1)在小桶中装满待测液体，调节秤砣的位置，当秤杆平衡时，秤砣移动到E点。

(2)用刻度尺测量AB的长度记为L_1，测量BE的长度记为L_2。

则液体密度可表示为M_0L_2/VL_1。其中M_0、L_1、V均为固定值，液体的密度只与L_2有关。这样在BE段标注密度就可以直接读数。

2.利用身边的器材设计杠杆进行测量

首先找一根直硬棒，用细线系在O点吊起，硬棒在水平位置平衡，然后将已知密度为ρ的金属块B挂在硬棒左端C处，另外一个重物A挂在硬棒右端，调节重物A的位置，使硬棒在水平位置平衡，此时重物挂在硬棒上的位置为E，如图4-2-5所示。下面是测出$\rho_{液}$的部分实验步骤。

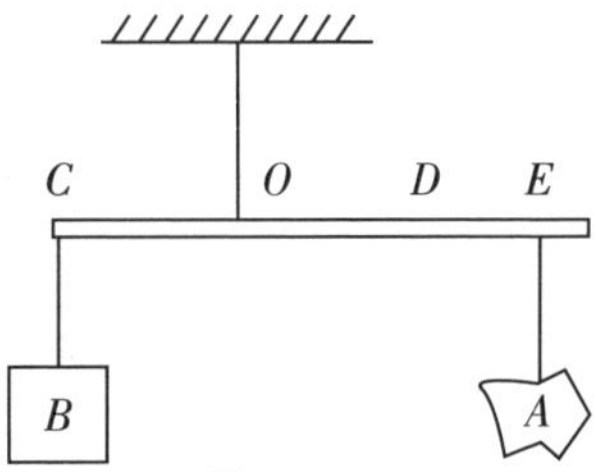

图4-2-5

(1)用刻度尺测出OE的长度L；

(2)把金属块B浸没在液体中，把重物A从E处移动到D处时，硬棒再次在水平位置平衡；

(3)用刻度尺测出OD的长度L_1。

(4)用上述测量出的物理量和题中的已知量计算$\rho_{液}$的表达式为：

$$\rho_{液}=\frac{L-L_1}{L}\rho。$$

二十一、学习的，不仅仅是知识——“分子热运动”教学叙事

古人云：“授人以鱼，不如授之以渔。”物理教学的目的不仅仅是传授给学生足够的知识，更重要的是教会学生认识事物、现象的方法，培养学生分析问题与解决实际问题的能力。九年级物理“分子热运动”这一节，旨在引导学生对物理现象进行分析、推理，从而让学生感知微观世界，进而总结出物理规律。

在验证气体分子的运动时，教材采用观察有色的二氧化氮气体和空气之间的扩散。这个实验我觉得有三处不妥：第一，二氧化氮是有毒气体，操作中不可避免会有部分泄漏，不够安全，非常不适合在一间挤满了学生的教室里做；第二，这些气体必须在课前临时配制，这对同时带了几个班级的教师而言，非常不方便；第三，由于集气瓶自身体积的关系，实验的可视性也不强，不便于观察。

在教学中，我们改变思路，对这个实验进行了彻底改造，变视觉刺激为嗅觉刺激。取一瓶清新剂，瓶身事先用红色的即时贴包裹起来。我利用身边的人试验过，几乎所有人看到这种警戒色包装，首先想到的就是杀虫剂。为了强化效果，我甚至还在瓶身上画了骷髅标记，给学生一个先入为主的"这是危险品！"的概念。

当教学进行到这个环节时，我从仪器篮中取出这瓶特制"杀虫剂"，将骷髅标记面对着学生，冲他们摇了一摇，学生看清楚后吓了一跳，可以明显听到他们在下面"嗡嗡"的议论声：是不是杀虫剂啊。我当然立刻顺水推舟，承认是一种杀虫剂，而且告诉他们，为了实验效果明显，我还特别选择了一种杀虫厉害，气味比较明显的杀虫剂。面对明显开始躁动不安的学生，我要求他们将所有窗户关掉，自己又将电风扇关起来(上这节课时已经临近暑假)。学生躁动更加明显，因为不知道我要干吗，所以纷纷猜测我的动机。当我告诉大家我会在教室中喷洒"杀虫剂"时，学生一片哗然，甚至立刻将鼻子捂了起来以示抗议。

我安慰大家："老师是要保护未成年人的，不会直接对着同学们的方向喷洒。"

学生立刻大声说："老师，我们还是能闻到味道啊！"

我很惊奇地问："为什么呀？我对着教室黑板方向喷，你们会闻到什么味道？"摆出一副你若不能用充分的理由说服我的话，我当然还要进行下去的架势。

有学生指出："气味是会到处传播的。"

我追问："气味怎么传过去？"

另一个学生立刻说："是被风吹过来的。"

但是，马上就有学生反驳："老师把电风扇都关掉了，窗子也关上了，哪来的风？"

又有学生说："气会跑，气跑到我们这儿，我们就闻到了味道。"

我又问："气为什么会跑？"

这时，已经有学生想到前面才学到的物质由分子构成的知识。于是说："气体是分子构成的，是分子就会跑。分子在到处跑，所以才能闻到味道！"

这句话立刻引起大家的认同。此时，已经达到了我的教学目的了。但是还要板上钉钉，加深印象。于是，我强调，这个理由虽然看起来很合理，但是还没有得到证实。我再次强调实验在物理中的重要性，引导他们：不入虎穴，焉得虎子，我要求几个学生来配合我做这个实验。

学生们眼睁睁看着我,对着教室的前方进行了喷洒。5秒钟,10秒钟,15秒钟……渐渐地,从前排到后排,一排排的同学开始笑了起来,后面的同学不知道怎么回事,急得大声问前面同学:“怎么啦,怎么啦?”教室气氛达到了高潮。

幽默和新鲜的知识结伴而行,气体分子是不停运动的这个知识点非常轻松地得到了全班同学的认同。学生情绪也已经完全放开,非常有利于后面内容的学习。这时,我再将话题稍微延伸,询问他们如果仍采用课本的方式教学,有什么利弊,能不能改进?如果让他们自己课后设计一个实验来替代,那又该有什么好的方法?将课堂教学很轻松地延伸到了学生的课余生活中去。这节课,我不仅希望学生能掌握相关的物理知识,还希望他们知道,创新其实离他们很近。

反思心得:创新是一个民族的灵魂。学生的创新程度与老师有很大的关系,一个保守的,只能照搬课本的老师,很难想象他的学生会有多大的创新力。所以,我希望自己身体力行做示范,培养学生更强的创新意识。这样,我们的教学才会有新意,我们的民族才会更有前途。

我们应当把对教材的深入研究与教学实践相联系,在教学活动中克服对教材、专家的依赖,勇于思考,勇于创新,不做一个“搬运工式的教书匠”。在实际教学中依据教材而不拘泥于教材,依据新课程的理念和自己的教学需要,因地制宜地选择适合自己课堂教学的教辅、教具。以自己的实际行为,让学生享受创造的快乐,潜移默化地培养他们的创新意识。课堂教学以出乎意料的幽默来开启学生的智慧,提高思维的质量,让幽默和深刻的见解、新鲜的知识结伴而行。

二十二、做功改变内能演示实验的创新与改进——“内能”教学叙事

教材中原来的实验是:在试管内装些水,用软木塞塞住试管口,加热使水沸腾,水蒸气会把软木塞冲出。这个实验的问题在于实验现象的持续时间短,软木塞冲出的时间只有零点几秒钟,如果有些学生精力不集中,就无法看到实验现象。另外这个实验还存在一定的危险性,软木塞冲出后试管里的沸水有可能冲出来烫伤学生。对于这个实验,一位教师做了如下改进。

在原来实验装置的软木塞中插入一根玻璃管,在玻璃管的出口处放一个纸制小风车。这样当水沸腾以后,就有大量热气从玻璃管中冲出,从而推动小风车

不停地转动。这一实验这样改进以后,实验现象更加明显、持久,只要水不干,风车就会不停地转动。同时也更加直观形象,安全有趣,能很好地调动学生的学习积极性。

这样的改动,虽算不上高大上,但是转变思维,就得到了不一样的效果。创新,其实不复杂。

二十三、探究不同物质吸热能力的实验改进——“比热容”教学叙事

探究不同物质的吸热能力是学生学习和理解“比热容”概念最重要的实验之一。因为该实验的教具相对来说比较复杂,在实际操作过程中有一定的危险性,所以在很长的时间内,我们寻求的是实验装置的改进,以便能更清晰、安全地展示出实验现象。为此,我们对该实验做了如下改进。

(一)教材实验展示

以水和食用油为研究对象,用天平称取相同质量的水和食用油,分别装入两个相同的烧杯内。用电加热器给它们加热,用温度计测量液体吸收热量后升高的温度值,并用钟表记录加热时间。在质量一定时,比较两种物质的吸热能力。如果加热时间相同,即液体吸收热量相同的情况下,温度变化小的吸热能力强;如果温度变化相同,则加热时间长的吸收热量多,吸热能力强。

(1)优点。电加热器更加稳定,不容易受到外界因素的干扰,如果选用酒精灯,那么热源容易产生差别。水和煤油的吸热能力相差较大,能够清晰从温度计或者加热时间上比较出两者之间的差别。

(2)不足之处。从加热装置上来说,此实验可以作为演示实验。大部分的城镇学校无法达到使用电加热器的标准,更不用说将这个实验作为分组实验让学生自己操作了。此项实验操作,涉及了热学和电学过程,从操作上和安全上来说,并不适合还没有电学基础的初中学生来做。

(二)实验改进措施

本着实验的科学性、材料的易获取性和操作的简单性,我利用泡沫塑料的可塑性强的特点,为大烧杯做了一个泡沫塑料盖,并在盖上开了两个孔,孔的直径比所用的大试管直径略小。再用两个泡沫塑料垫将温度计固定在试管中,根据

试管中液体的多少调节温度计在试管中的位置，最后将两支试管插入泡沫塑料盖的孔中，根据烧杯中热水的多少和试管中液体的多少来确定试管插入的深度，并在试管上做好标记。经多次的实验我们发现，烧杯的保温性能差。外界气温较低时，烧杯中的热水作为热源供热时间较短，因此将烧杯换成保温杯就可克服气温低造成的对实验的影响。

实验中，直接将热水倒入保温杯中，利用水浴加热法来加热两支规格相同且盛有相同质量水和色拉油的试管，避免了外界气温较低时，热水温度降低速度较快导致的现象不明显。同时读取一定时间间隔两支温度计的示数。我们可以看到这样的实验现象：质量相同的水和酒精，吸收相同的热量（加热时间相同），升温慢的，吸热能力强。同样的，我们也可以发现升高相同的温度，水吸收的热量多。

这个装置，操作简单，便于携带，容易观察而且利用的是大家生活中熟知的材料，体现了物理与社会生活的联系。

（三）结论

通过对实验数据的分析，我们可以总结出：不同物质的吸热能力不同，我们用比热容来代表物质的这种能力。

物质的吸热能力体现在两个方面：一是质量相同的不同物质，升高（或降低）相同的温度，比热容大的物质吸收（或放出）的热量多；二是质量相同的不同物质，吸收（或放出）相同的热量，比热容大的物质升温（或降温）慢。

（四）实验说明

该实验用到的器材是保温杯和试管，所以热源的供应是有一定时间限制的，此外试管中两种液体质量较小，所以温度变化很快，用时较短，所以需要及时观察记录。

二十四、教学设计改进，让学生积极参与——“比热容”教学叙事

以下是某老师的“比热容”教学过程。该节课的目的是通过复习上一课的结论，引出比热容的概念。第一步，帮助学生构建比热容的定义、单位、符号、意义。这个过程要求学生通过自学来基本完成，通过练习来巩固比热容的物理意义。

第二步，通过比较不同质理、不同温度的同种物质的比热容，即研究物质吸收热量的能力会不会改变，总结出比热容是物质的一种特性。第三步，通过查阅比热容表中的数据，对比水和煤油的比热容的大小，帮助学生认识到水的吸热能力更强，物质的吸热能力是利用比热容来表示的。第四步，教师需向学生讲清楚，水不仅仅吸收热量，同样会放出热量，同一种物质吸收热量的能力和放出热量的能力是相同的，让学生练习运用这样的定义来表述比热容的物理意义。第五步，引导学生发现水的比热容是最大的，同等条件下吸收和放出的热量都是最多的，让学生学会利用比热容，尤其是水的比热容来解释生活中的一些与比热容有关的物理现象。第六步，通过练习判断不同质量和不同温度变化下的物质吸收或者放出热量的多少，总结出物质吸收热量或者放出热量的计算公式，练习运用公式来解答问题，并通过板演来发现问题，进行纠正。

在以上教学过程中，第五步在实际教学中不是很成功，做教学设计时没能充分估计学生的实际表现和能力，害怕学生不能够分析出水的比热容在生活中的作用，用教师活动代替了学生的思考过程，帮助学生分析了比热容在生活中的作用。由于估计不足，以及害怕学生活动停滞，所以教师紧接着又代替学生进行了下列的活动：帮助学生分析比热容在生活中的应用，如教室取暖、机器冷却、稻田对稻苗保温，并且帮助学生解释了沿海地区比内陆地区昼夜温差小的原因，忽视了学生的主观能动性。学生在这一环节是忠实的听众，没有像预设的那样全程参与。

总体上，这一节课还是成功的，课堂大部分时间是在引导学生参与到教学活动中去，学生的活动也比较多，尤其是提问，被提问的学生人数几乎达到学生总数的一半。学生参与活动面广，活动量大，在最后的板演环节，很好地发现并纠正了学生的错误，并提醒学生在以后的练习中要注意这些问题，教学效果不错。

二十五、让学生学会连接电路——“电流和电路”教学叙事

对于刚学习电学的初中学生来说，电路连接实在难以轻松完成。怎么办呢？我苦思冥想了很久，决心先把我的想法到课堂上检验一下。

当我开始引导学生画电路连接时，学生觉得串联似乎很简单，因为我跟他们说：“串联电路因为只有一条路径，就像你从家里出来坐公交车到学校一样，先经过什么，再经过什么，就根据电路图去把元件依次连线就可以了。”几乎所有学生

都会连接串联电路。但是并联就是另外一片天了，刚开始只有一两个学生会连，平时物理成绩好的学生也顿时觉得束手无策。这时，我开始给学生打起了比方，我说："假如一天你和你妈妈同时从家里出来，你们一同出了小区门口（相当于电路中的干路开关，因为你们都要通过它），然后你们就此兵分两路，你先坐上108路车（相当于一个电路元件）来到学校门口，然后进入教室（相当于另一个电路元件）坐下；你的妈妈先坐上201路公交车（相当于一个电路元件）来到她上班的公司（相当于另一个电路元件）。那么我们在连接电路时，也就这样一条路一条路地接。只要你找准两条路都要一起经过哪一个电路元件，然后确定在什么地方分的，每一条支路上又有什么（支路上的元件连接方法就跟串联连接方法一样），最后弄清楚是在什么地方汇合，按照这个方法去连接电路就行了。于是，学生赶紧动手连接，效果比开始好了很多，班上一半学生都会了。然后再练习几道题，学生就觉得原来连接电路并没有想象的那么难啊。

课后我总结了一下，对于学生难以理解的东西，我们可以想办法把抽象的物理概念或图像变成具体的生活中的场景，那样的话学生就会觉得很亲近，学起来也容易得多。

生活，处处可用于教育；教育，时时可源于生活。

二十六、电路图分析感悟——"电流和电路"教学叙事

我从事初中物理教学工作快五年了，如果按照工龄，也算得上是一位老手了吧。可是在真实的课堂上我遇到的学生却是鲜活的个体，他们的思维是与众不同的，他们的想法是千奇百怪的。有一些我认为很好理解的问题，在他们眼里难度却几乎达到"蜀道之难，难于上青天"的程度。开始这让我很为难，可是通过昨天的经历，我有些理解学生的心情了，因为他们是初学者，物理学科本来就是以实验为基础的学科，老师只凭借画图来分析问题，有时是行不通的，必须让学生亲眼看到实验现象，才能使学生真正明白。这是我在上"电流和电路"中所领悟出的一点点教学心得，也算是我教学的再起步吧。

具体的教学流程实录如下。

师："同学们，我们上节课学习了电路的基本组成及简单的电路图画法，今天我们一起来学习电路的三种状态。一种是通路，一种是断路，一种是短路。下面我把这三种电路图分别画出来。通路就是用电器能正常工作；断路就是电流不

能通过,用电器不能工作;短路就是用一根导线直接接在用电器或电源的两端,电流就不经过用电器,直接回到电源负极,这样用电器就不能工作。”

生:“老师,那短路时为什么用电器就不能工作呢?”

师:“刚才我不是说了吗,电流根本就不经过用电器了,所以就不能工作了啊。”

生:“可是我觉得电流可以分两条路,一条通过用电器,一条通过导线啊。”

师:“说得很好,但是用电器是要消耗电能的,而导线几乎不消耗电能,所以电流就不经过用电器而只选择通过导线回到电源负极。”

生:“哦,我怎么觉得电流还是要经过用电器呢?”

生:“老师,你怎么不给我们做个实验呢? 我想看到实验现象。”

师:“好的,我们一起来做个实验吧。(连接电路)好了,同学们,现在我们闭合开关,看被短路的那个灯泡会不会发光吧。”

观察实验后,生:“真的不发光。”

师:“是的,所以请大家一定记住被短路的用电器一定不会工作。”

是啊,如果仅仅是纸上谈兵,不通过实验来证实,学生是很难领会的,所以我们物理老师,一定要用实验说话,让学生眼见为实。

二十七、用生活情境来丰富教学内容——“电阻”教学叙事

创设良好的学习情境,可以激发学生学习的主动性、积极性。新课标指出:物理教学应从学生实际出发,创设有助于学生自主学习的问题情境。只有将认识主体置于饱含吸引力和内驱力的问题情境中,才能促进认识主体的主动发展。

(1)电阻是一个很抽象的概念,直接下定义学生很难明白,不利于之后相关知识的学习。在引入电阻概念时,我引用生活中车辆在不同的路面行驶导致速度不同来做类比,并通过实拍的视频来说明。学生的生活经验是路面越窄,路面越不平,路面车辆越多,汽车受到的阻碍就越大,速度越慢。电荷在导体中运动和汽车在路面行驶很类似,电荷在导体中运动也会受到阻碍作用。这样就自然引入电阻的概念,学生一下子就理解了。

(2)在探究影响导体电阻大小的因素时,学生们很难凭空去想象电阻的大小究竟跟哪些因素有关,我还是用车辆在不同的路面的例子来做类比。如某人开车要从单位回到家里,一条是泥泞的小路,一条是平坦的水泥路,走哪一条路时遇到的阻碍小?(平坦的水泥路)看来车所受到的阻力跟地面的组成材料有关。

当地面都是水泥路面时,一条直线,一条要转一大圈,从哪一条路走起来比较轻松,也就是说受到的阻碍比较小?(直线的比较轻松)说明其他条件相同时,车所受到的阻碍跟车所通过的距离的长短有关。同样的水泥路面,相同的路面长度,但一条水泥路宽,另一条很窄,你会选哪条路?路面越宽,车越容易通过,也就是受到的阻碍越小。利用这种生活情境,学生很快理解了影响电阻大小的因素有导体的材料、长度和横截面积。

(3)本节课我努力做到学生探究性学习、教师问题式教学。无论是在概念的建立,还是在分组实验中,我都通过各种手段向学生提供多条解决问题的途径。这样设计的目的是使课堂自始至终贯穿一种多向探索、勇于创新的积极氛围。着眼于学生创新意识和创新能力的培养,使不同水平的学生都在原有基础上得到良好的发展。

(4)本节课我最大可能调动了学生探究的积极性,但是我没有考虑到各个层次学生的能力差异,以至于有一组学生在探究电阻和横截面积关系时没有顺利得出结论。另外,有一个小组回答问题不积极主动,课上我没有有意识地设置简单的问题点名提问,没有照顾到所有的学生,以后讲课时候应注意改进。

(5)本节课是本教研组搞的一次听课活动,听课老师们认为此节课是很成功的,尤其一些平时爱玩闹的同学也参与到了活动中来。但是应注意到个体差异,尽可能调动所有的学生。尤其不活跃的那组,应尽力鼓励他们,让他们回答简单的问题,使他们也参与到课堂活动中来,调动他们的学习积极性。

二十八、如何在教学中提高实验教学的有效性——“变阻器”教学叙事

“变阻器”这一课时的重点是讲解滑动变阻器。滑动变阻器是初中物理中的一个基本电学元件,重点在于了解滑动变阻器的原理,熟悉滑动变阻器的使用方法。

我在讲解滑动变阻器的作用和原理时,安排了小组合作来探究。我把学生分为若干小组,并为每组提供了实验器材(电源、小灯泡、开关、电流表、电阻丝、导线)。首先,每个小组先讨论实验方案。一个小组的学生代表说:“电路中必须串联电流表,并且观察电流表的示数和灯的亮度的变化情况。”另一个小组的代表说:“把导线一端固定,导线另一端在电阻丝上滑动改变电阻丝的长度。”……

看到同学们热情高涨并且都积极举手，抢着说出自己的方案，我暗暗欢喜。接下来，学生动手实验连接电路，我一边巡视一边指导。当看到各小组完成实验探究后，我提出了问题："根据你的观察，什么因素改变了灯的亮度？在你的操作中你改变了什么从而使灯的亮度发生了改变？"一名学生回答了自己的研究结果："灯的亮度是随电流的大小而变化的，在操作中我改变了电阻实现了电流的变化，从而实现了灯的亮度的变化。"紧接着我又追问："你在操作中是如何改变电阻的？""是靠改变电阻丝连入的长度来改变电阻的。"在学生们的自主探究下和我的启发下，学生们非常容易地总结出了滑动变阻器的作用和原理。这一环节让学生亲自动手进行探究，不仅能使学生体验到探究的乐趣，还能培养学生的实践操作能力。接着我又讲："在刚才的实验电路中，对于灯的亮度的改变还不够多，如果还要进一步改变电阻值的大小，那么可以把电阻线密绕成螺旋状。"（课件展示：滑动变阻器的结构）动态的课件把滑动变阻器的结构形象直观地展示出来，更便于学生了解它的结构。

在讲到滑动变阻器的接法时，我也采用了让学生探究的方法。在学生探究的过程中我边巡视边指导，在巡视、指导的同时，将某些对改变电流无效的接法提出来在全班进行探讨。此处让学生亲自动手进行探究，不仅能培养学生的探究能力，同时还能把学生的错误连接方法当作一种教学资源，这种教学资源对于学生更好地掌握知识是非常有好处的。经过探究，学生总结出"一上一下"的接法，滑片位于远离下接线柱的位置时，滑动变阻器接入的阻值最大，以及两种不能改变电流的接法。

在这节课的最后，我组织学生进行实践活动（用滑动变阻器控制小玩具），把学生分为若干小组，每组的实验器材不完全一样。有的组用滑动变阻器控制音乐盒的音量；有的组用滑动变阻器控制小电风扇的转速；有的组用滑动变阻器控制小警车……同学们积极地实践着、探索着、交流着，全体学生都参与其中。看到这种情景我激动不已。实验成功后我让其中几组展示成果，此时的场面达到了高潮。在实践活动中，很多新颖的小玩具使学生活动起来，使他们感到新奇、有趣，调动了他们的积极性。同时，学生之间团结协作、互相帮助，体会到了探究的乐趣、成功的快乐。

二十九、培养学生热爱物理的精神——“变阻器”教学叙事

众所周知，物理是一门与生活息息相关的学科，它来源于生活，并服务于生活。那么想要让物理知识更好地为人们所用，更好地造福于人类，需要我们在平时的教学中不断培养学生热爱物理的精神。下面我就来简单谈谈我是如何在“变阻器”这一课进行新课引入的。

为了吸引学生的注意力和激发学生学习新知的兴趣，我从家里找来一个可以通过调节旋钮改变灯泡亮度的台灯。上课铃一响，我就打开台灯，然后缓慢地调节旋钮，让同学们认真观察台灯的亮度。

师：“同学们看到了什么现象？”

生：“台灯逐渐变亮了。”

师：“那大家知道这是为什么吗？”

生异口同声回答：“是调节了旋钮。”

师：“那大家想知道这个神奇的旋钮是我们物理中的什么元件吗？”

生：“想！”

师：“好，那么今天我们就一起来学习这个新的电学元件——变阻器。”

这种引入方式，让学生觉得原来物理就来源于生活，它不遥远，近在咫尺。同时也让学生明白了原来物理对于我们现代人的生活是如此的重要，从而激发学生学习物理的热情与学习的动力。

三十、处理好几个问题——“电流与电压和电阻的关系”教学叙事

欧姆定律揭示了电路中电流遵循的基本“交通规则”，是电学最重要的规律之一，也是学生进一步学习电学知识和分析电路的基础。因此，欧姆定律的探究实验就成为理解I、U、R三者之间关系的基石。但是在实验中，以下几个问题容易被忽视。

问题一：用控制变量法研究I、U、R三者之间的关系时，为什么只探究电流I与电压U之间的关系以及电流I与电阻R之间的关系？

按照控制变量法，应当保持其中一个物理量不变，研究其他两个量之间的关系，而在这个实验中，为什么不研究“保持电流I不变，探究电压U与电阻R之间的关系”？一些学生会对这个问题感到困惑不解。其实，电阻是导体本身的性

质,它并不会随着电压、电流的变化而变化。当电压变了,电阻不会改变,只能电流跟着变化,因此保持电流不变不可能。

问题二:实验中为何要用滑动变阻器?

如果不用滑动变阻器,虽然能够测量出R两端的电压和其中的电流,但该电路只能测量出一组电压和电流的值,而从一组电流和电压的数据是无法找出二者之间的关系的,应该多测几组电压和电流。因此就需要改变R两端的电压,而要改变R两端的电压,可以不断改变电阻,也可以采用改变电池节数的方法,还可以用滑动变阻器调节。比较下来,当然是用滑动变阻器调节更方便快捷。同时,滑动变阻器还可以起到保护电路的作用。

问题三:在探究电流I与电阻R之间的关系实验中,应该如何操作?

如何保电压U不变?改变定值电阻的阻值时,该电阻两端的电压就发生了变化,因此,要及时调节滑动变阻器以保持加在R上的电压不变,观察并记录电流表的示数随电阻变化的情况。

问题四:实验准备阶段要注意哪些问题?

学生实验之前,不仅要按照正确的操作规程操作,还要有检查电路的良好习惯,而学生往往急于动手实验,忽视实验规则。本实验中,实验之前,开关断开,滑动变阻器的滑片要放在电阻最大位置。其次,为减少测量误差,要选择合适的电表量程。

问题五:要认识到学生的解题能力和动手实践能力之间可能存在较大差距。

同样的电路如果出现在考试卷上,许多学生能够比较顺利地解答出来。但在实际操作中,他们往往连最简单的电路故障都不能够排除,如找出短(断)路所在的位置和原因。于是,在探究实验课堂上,最忙的往往是老师,学生只顾记录数据,观察表面现象,缺乏动手实践的能力。鉴于此,本节课的教学要充分让学生自主探究,教师不能越俎代庖。

问题六:要重视图像的教学。

用图像进行实验数据的处理是物理课程标准所提出的要求,教材中引导学生用描点的方法,把实验数据在坐标纸上反映出来。运用图像分析物理问题在后续的物理学习中应用非常广泛,现在的学习能够为高中物理的学习打些基础。由于实验误差,学生描出的点并不在一条直线上,教师在引导学生分析误差产生的原因的同时,只要求能够做出与各数据点比较接近的直线即可。

以上这些问题,要引起物理教师和学生的足够重视。教学过程可以多采用猜想、讨论、探究的方式,这能让学生免于停留在知识的表面,以后遇到此类问题的变式也能够应对自如,对于解决实际物理问题大有裨益。

三十一、误差分析及电阻的特殊测量方法——“电阻的测量”教学叙事

测量定值电阻的阻值是中考经常涉及的实验之一。伏安法测电阻是最常见的测量定值电阻的方法。这种测量方法又分为外接法和内接法两种,这两种不同的接法都会有误差。下面我们一起来探讨一下。

(一)伏安法测电阻

(1)原理:$R=\frac{U}{I}$。

(2)电路图:如图4-2-6。

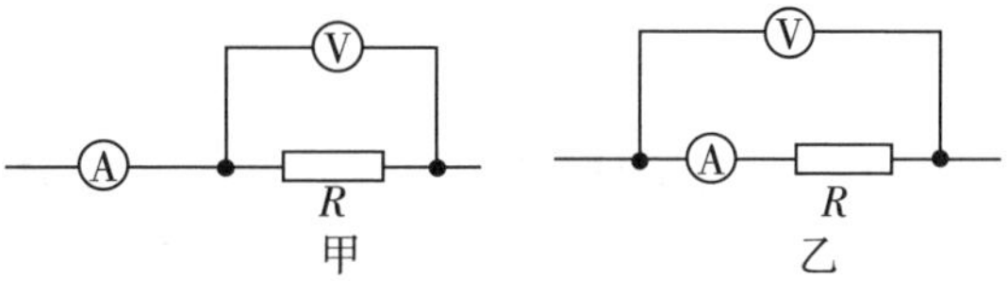

图4-2-6

(3)误差分析:

外接法由于电压表的分流作用导致电流的测量值偏大,进而导致电阻测量值偏小。(适合测小电阻)

内接法由于电流表的分压作用导致电压的测量值偏大,进而导致电阻测量值偏大。(适合测大电阻)

(二)测电阻的特殊方法

1.给定电压表、定值电阻

(1)电路允许拆接导线时。

电路图:如图4-2-7。

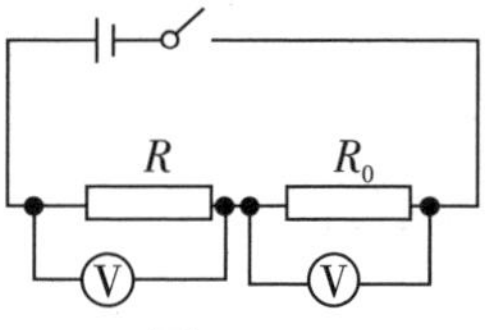

图4-2-7

步骤:

①如图4-2-7所示,被测电阻R与已知电阻R_0串联接入电路;

②用电压表分别测R、R_0两端的电压U_R、U_0;

③被测电阻阻值为:$\frac{U_R R_0}{U_0}$。

(2)电路不允许拆接导线时。

电路图：如图4-2-8。

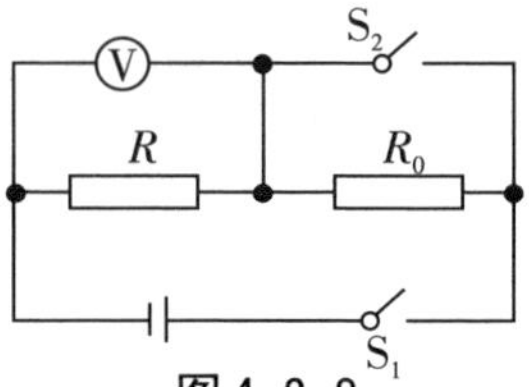

图4-2-8

步骤：

①如图4-2-8所示连接电路，闭合开关S_1、S_2，记下电压表示数U_1；

②只闭合开关S_1，记下电压表示数U_2；

③根据串联电路电流相等，写出被测电阻的阻值为：$\dfrac{U_2R_0}{U_1-U_2}$。

2.给定电流表、定值电阻

(1)电路允许拆接导线时。

电路图：如图4-2-9。

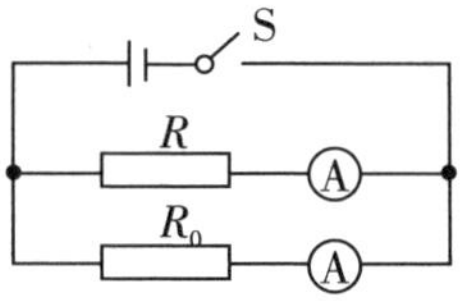

图4-2-9

步骤：

①如图所示，把被测电阻R、已知电阻R_0并联接入电路；

②用电流表分别测R、R_0的电流I_R、I_0；

③根据电压相等列方程，并得出被测电阻为：$\dfrac{I_0R_0}{I_R}$。

(2)电路不允许拆接导线时。

电路图：如图4-2-10。

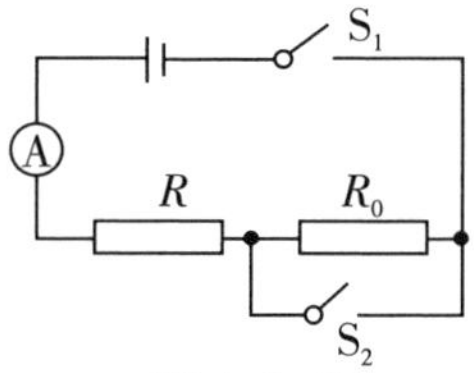

图4-2-10

步骤：

①如图所示连接电路，闭合两开关，记下电流表示数I_1；

②断开S_2，记下电流表示数I_2；

③根据电源电压等于两个电阻两端电压之和列方程，并得出被测电阻阻值为：$\dfrac{I_2R_0}{I_1-I_2}$。

3.给定电压表、滑动变阻器

电路图：如图4-2-11。

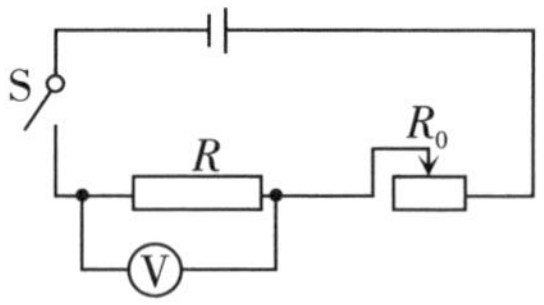

图4-2-11

步骤：

(1)如图4-2-11所示连接电路，滑片置于阻值最小的位置，闭合开关，记下电压表示数U_1；

(2)滑片置于阻值最大的位置，记下电压表示数U_2；

(3)根据电流相等列方程(R_0为滑动变阻器的最大阻值),并得出被测电阻阻值为:$\frac{U_2R_0}{U_1-U_2}$。

4.给定电流表、滑动变阻器

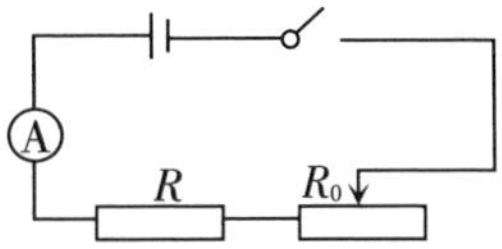

图4-2-12

电路图:图4-2-12。

步骤:

(1)如图4-2-12所示连接电路,滑片置于阻值最小的位置,闭合开关,记下电流表示数I_1;

(2)滑片置于阻值最大的位置,记下电流表示数I_2;

(3)根据电源电压等于两个电阻两端电压之和列方程,并得出被测电阻阻值为:$\frac{I_2R_0}{I_1-I_2}$。

5.给定电流表、电阻箱

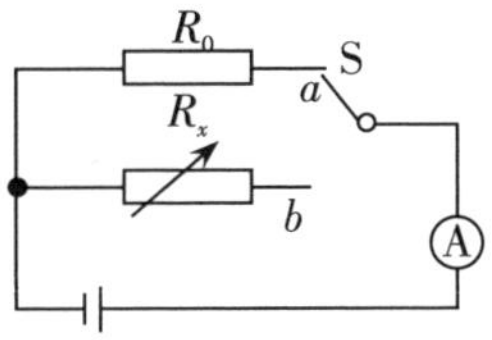

图4-2-13

电路图:如图4-2-13。

步骤:

(1)S接a时,读出电流表示数I;

(2)S接b时,调变阻箱,使电流表的示数也为I;

(3)$R_x=R_0$。

6.给定电压表、电阻箱

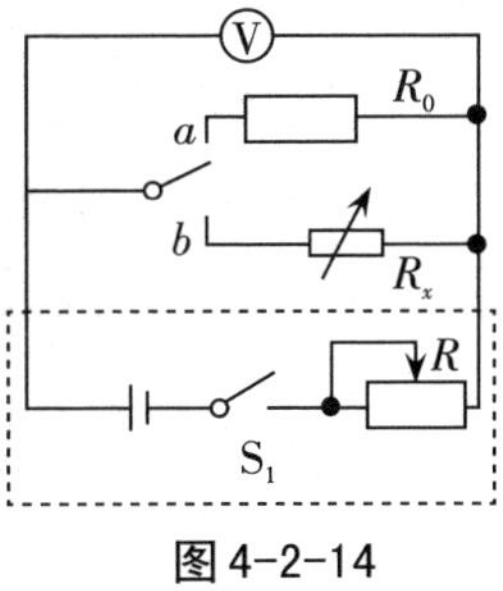

图4-2-14

电路图:如图4-2-14。

步骤:

(1)将单刀双掷开关调到a,闭合S_1调节R,使电压表读数为U_0;

(2)保持R不动,将单刀双掷开关打到b,调节R_x使电压表读数仍为U_0,则电阻箱的读数就是待测电阻的数值;

(3)$R_x=R_0$。

三十二、电功的定量测定实验改进——“电功”教学叙事

用传统方法探究影响电功大小的因素的实验,常常将两个不同阻值的小灯泡连接成串联和并联的两种电路,利用控制变量法和转换法,通过观察两只灯泡

在同一电路中的亮暗程度来定性了解电功与电压、电流及通电时间的关系。

其实，如果将两只小灯泡换成电阻值不同的两只电阻丝，利用电流的热效应，加热相同的液体或气体，通过比较液体升高的温度或气体膨胀的体积就可以比较电功的多少，从而得出电功与电压、电流以及通电时间的定量关系。

1.探究电功与电压的定量关系

将电阻值不同的 R_1=5 Ω和 R_2=10 Ω两电阻串联在电路中，同时通电与断电就能控制电流与时间相同，用两只电压表分别测出两电阻两端的电压(如图4-2-15甲)，然后比较与电阻丝所在密闭容器相连的U形管中有色液面的高度差，完成一次实验，得出电功与电压的定量关系。也可以在电路中串联一个滑动变阻器，通过改变两电阻两端的电压，实现多次测量，得出电功与电压的普遍规律。

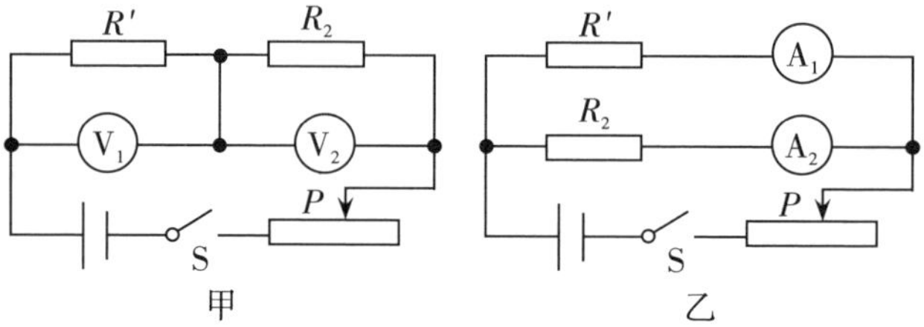

图4-2-15

2.探究电功与电流的定量关系

将电阻丝 R_1 和 R_2 并联在电路中，同时通电与断电就能控制电压与时间相同，用两只电流表分别测出通过两电阻的电流(如图4-2-15乙)，然后比较与电阻丝所在密闭容器相连的U形管中有色液面的高度差，完成一次实验。待密闭气体恢复原状后，可以调节滑动变阻器，改变流过两电阻的电流，实现多次测量，得出电功与电流的定量关系。

三十三、留点悬念下课，保持学生好奇心——“电功率”教学叙事

“电功率”这节课，一开始我安排学生学习电能表、电功率的概念，然后由实验引入新课，将灯泡和电热水壶分别接入电路中，观察电能表转动的快慢，从而引出电流做功也有快慢。前面学过物体运动的快慢用速度表示，那电流做功的快慢我们也引入一个新的概念叫电功率。然后学习电功率的意义、公式和单位。学生根据所学的内容练习了两道练习题，最后进行了本节课的总结。临近下课

时，我给学生演示了实验。分别标有“220 V 60 W”和“220 V 40 W”字样的两个电灯泡，串联和并联在电路中，它们的亮度不同。目的是引出下节课将要学习的内容：额定电压和额定电功率，实际电压和实际电功率的相关问题。以灯泡的亮度不同，引起学生的兴趣，激起他们想一探究竟的好奇心。

我觉得，如何激发学生的兴趣，是我们教师应时常考虑的一个问题。

三十四、实验在习题教学中的重要性——“电功率”教学叙事

在讲解一道关于“测量小灯泡的额定功率”的习题时，其中一个步骤需要选择合适的滑动变阻器连入电路才能正常完成实验。我很仔细地分析、讲解，结果花去15分钟时间讲了两遍，大部分学生还是一头雾水。我想，如果亲自在课堂上做实验效果会好点吗？

于是，我用5分钟准备了实验器材，按要求分别把A（5 Ω 1 A）、B（10 Ω 0.6 A）、C（20 Ω 0.2 A）的三个滑动变阻器连入电路中，在实验过程中，由学生来指挥我做实验，结果选择A与C两种型号的滑动变阻器都不能完成实验。选A的学生很清楚地告诉我它的最大阻值太小，即使把它调到最大值5 Ω，灯的电压还是太高；选C时学生也明白了虽然它的最大阻值能满足电路，但它允许通过的最大电流远小于灯的额定电流，所以A和C两个变阻器不能选。在实验中，全班学生都给我出主意，气氛热烈，效果明显。10分钟的实验过程，让学生掌握了知识点，突破了难点。

通过这件事，我再一次体会到了做物理实验的重要性。很多老师认为准备和完成实验会浪费时间，但我认为，多做实验，减少了老师的纸上谈兵，学生在实验中学到的知识会更牢固，实际上是节省了时间。

三十五、改进实验，提升观察效果——“焦耳定律”教学叙事

焦耳定律演示实验在初中物理教材中是一个很重要的实验，现行教材对原教材中的焦耳定律演示实验做了改进，修订后的演示效果比以前的效果好了很多。

现行教材中的焦耳定律实验将电阻装在密封的塑料盒中，用软管将塑料盒与U形管相连。U形管中装有红色水，当电阻通电产生电热后，会使塑料盒中空气的温度升高，空气膨胀推动U形管中的红色水柱往上移动，从而U形管中的水

柱就形成了高度差。通过水柱的高度差来比较产生电热的多少。

此装置用空气替代了传统实验中的煤油,大大缩短了加热的时间。用U形管替代温度计,增加了实验的可视性。我在重庆市“卓越课堂”建设的活动中,展示了“焦耳定律”的现场观摩课,在教学中以此实验装置为基础,做了如下的改进,效果较好。

(一)焦耳定律实验的不足之处

(1)教材中实验仪器中定值电阻外观完全一样,阻值虽然不同,但学生不易单从外观上直接观察电阻大小。

(2)仪器为塑料制成,密闭效果不是很好。热胀冷缩后易发生形变,对实验效果有影响。

(3)对于电热与电流的二次方关系分析略显不足。

(二)实验的改进

具体制作方法:将直径为10 mm的玻璃管通过瓶盖插入输液瓶内。将标有“220 V 35 W”的射灯灯泡接好后放入瓶内,将灯泡的接线柱穿出瓶盖。在瓶外玻璃管上端套上一段橡皮管,与支架上的U形管相连。U形管内装入适量的红墨水,增加视觉效果。接好电路,闭合开关,射灯灯泡给瓶内空气加热,空气受热膨胀推动液面上升。

1.分析Q与R的关系

水柱上升一格我们可以视为是产生了$1Q$的电热,通过水柱上升的格数来比较产生电热的倍数。实验中采用三个灯泡串联,目的是控制电流和时间相等;在2号瓶放入了两个串联的灯泡,总电阻是1号瓶的2倍,这样使两个瓶子中的电阻不同。实验如图4-2-16所示。

随着时间的推移,当1号瓶水柱上升格数分别是1、2、3、4格时,2号瓶对应的水柱格数为2、4、6、8格。两个瓶子对应的水柱上升格数始终是2倍关系,联想到它们电阻的关系,很容易就分析出实验结论,即当I、t一定时,Q与R成正比。

2.分析Q与I^2的关系

组建一个混联电路(如图4-2-17所示),但装在瓶中的灯泡都只有一个,这样控制了电阻相等。但1号瓶中电阻的电流是2号瓶的两倍。通过实验,观察到

1号瓶中通过电阻的电流是2号瓶的两倍。实验观察1号瓶和2号瓶水柱上升的关系，学生很容易得出电热与电流成二次方关系。实验中，灯泡电阻的变化会对Q与I产生一定的影响，但由于实验过程时间较短，温度对电阻的影响有限，因此本实验的现象是可重复再现的。

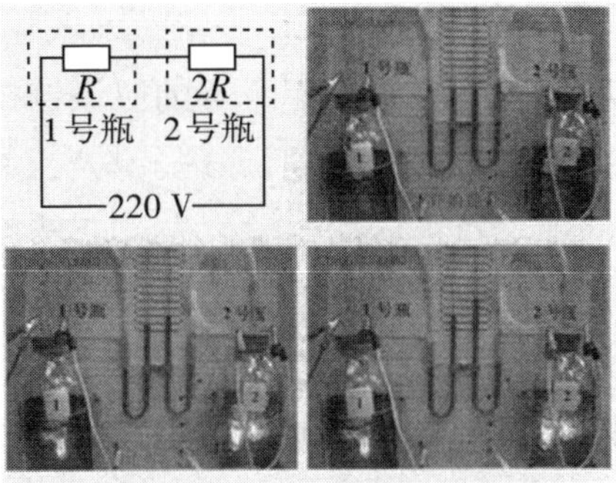

图4-2-16

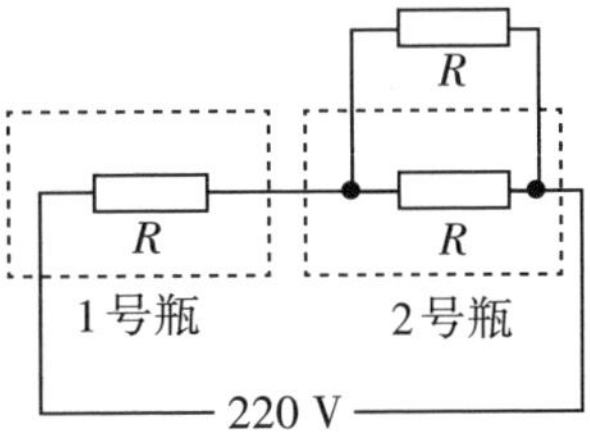

图4-2-17

三十六、复习课的启迪——实验教学叙事

传统的复习课都是老师带着学生先一起回顾知识要点，然后出几道典型的例题（常考题）当堂练习后讲解，课余时间再让学生多做相关练习就可以了，实验课也不例外。当然老师的想法是复习时间本来就不是很充裕，而且实验都是老师以前上新课时做过的演示实验或是学生自己亲自操作过的，所以绝大多数老师认为，在复习课上就没必要浪费时间重新再现了。这样可节约不少时间，何乐而不为呢。开始我也是这么做的，可是通过一个月的复习，所收到的效果让我失望到了极点。

这不禁让我想到了当时我在复习凸透镜成像实验时的一幕，当我问学生把物体放到离凸透镜不同距离的位置时，我们所观察到的现象与相关结论是怎样的，这时连成绩很好的学生都很难立即回答。绝大多数学生一片茫然，不知所措。这时有一位物理成绩名列前茅的学生说道："老师，你再给我们做一次演示实验吧。"当时我的反应是有点生气，并回答道："由于我们复习时间相当有限，根本没多余时间来做实验，所以我们就只能一起先回顾一下实验时的注意事项、相关现象和结论，然后再做习题练习，巩固效果吧。"现在我还依稀记得学生们当时无奈的表情。其实我说的也是事实，还有就是我觉得去实验室取实验器材也很麻烦。我原以为学生们只要把以前的记忆再找回来，再多做习题就可以了。可是令我万万没有想到的是,第一次月考成绩简直不忍直视,成绩好的学生实验题丢分都相当严重,更别提其他学生了。当看到成绩和试卷的那一刻,我顿时感到很是自责和懊悔,因为我没有听取复习时学生提出的建议。如果我当时采纳了学生的建议,真的给他们重新做一遍演示实验,我想事情肯定不会像现在这样糟糕。

于是我开始不停地反思自己当初的想法和做法,想我真的应该这样上实验复习课:首先,我和学生一起回顾需要的实验器材和实验原理。其次,如果时间的确很紧,我就带领学生一起做演示实验,每一步都要学生先思考然后我再操作,并提醒学生认真观察实验现象,然后再由学生说出实验结论和注意事项。如果有充裕的时间,就应该让学生自己动手再一次亲自操作。毕竟亲眼所见的实验现象肯定比老师用嘴讲出来的实验现象更加灵活生动。这样就会使记忆更加持久。最后,我再精选一些中考经常考的题以及容易出错的题给学生课后练习,然后再评析。相信这样的复习方案,最后的效果肯定会好很多。

三十七、转换法的思维+低成本物品在物理实验教学中的妙用——实验教学叙事

科学研究方法既是科学家研究问题的方法,也是学生在学习物理中常用的方法。掌握一种科学研究方法胜过解答十个问题。新课标要求,在突出科学探究内容的同时,重视研究方法的指导,使学生在进行科学探究、学习物理知识的过程中,逐渐拓宽视野,初步领悟到科学研究方法的真谛。“转换法”是最重要的科学研究方法之一。

所谓“转换法”,主要是指在保证效果相同的前提下,将不可见、不易见的现象转换成可见、易见的现象,将陌生、复杂的问题转换成熟悉、简单的问题,将难以测量或测准的物理量转换为能够测量或测准的物理量的科学研究方法。

在实际教学中,我们可以利用一些低成本的物品作为实验器材的补充。这些低成本物品包括低成本的易得材料和废旧的材料,如乒乓球、橡皮筋、矿泉水瓶、色拉油桶、小木板、铁钉、音乐卡片、铅笔芯、水杯、塑料袋、硬币、易拉罐、饮料瓶、牙膏皮等。这些物品不是实验室里配备好的专门仪器,需要师生用发现的眼光去搜集,用灵巧的双手去加工,为自己做实验所用。下面我就在教学中应用的

低成本物品和转换法思路谈谈自己在初中物理实验教学中的一些体会。

(一)转换法思维在低成本的物理实验教学中实施的可行性

1.学生在日常生活中经常接触低成本物品,学生已有转换法方面的经验

如生活中人呼出的气体中有水蒸气,你怎么知道的？人呼出的热气遇到冷的平面镜,镜面上有雾气出现。用手一摸,是水珠。这是水蒸气遇冷形成的。如何判定我们周围的空间有空气？看树叶摆动、红旗飘动,是流动的空气使它们运动。这些都是学生在生活中无意间应用了转换法的例子。教学中引入转换法,学生易于接受和理解,有助于对物理现象和规律的探究。

2.教材中大量使用低成本物品和转换法思路

现行初中物理教材中用到了转换法思路,并且主要使用的是转换研究对象法。例如:小泡沫塑料球在鼓面上跳动——物体振动产生声音;灯泡的亮暗程度不同——电阻大小不同;运动的小车推动木块移动的距离——小车的动能;小磁针放在磁体周围转动——磁场的存在;苹果落地——力的存在和方向;学生使劲鼓掌时感觉手痛——力的作用是相互的;等等。用形象替代抽象,用有形替代无形,符合初中生的思维特点,能使学生更有效地学习和掌握物理知识。

(二)转换法思维在低成本的物理实验中的妙用

为了加深学生对转换法的理解,激发学生的学习积极性,老师给学生讲了一个故事。一天,爱迪生在实验室里工作,他递给助手一个正方体玻璃砖说:“你量量正方体玻璃砖对角线长度。”说完他又低头工作了。过了好半天,爱迪生问:“长度是多少？”他没听见回答,转头看见助手拿着直尺在测量正方体玻璃砖长、宽、高,并拿了测得的数字伏在桌上计算。他说:“时间,时间,怎么费那么多的时间呢?”爱迪生走过来,拿起那个正方体玻璃砖放在桌面上,沿着正方体玻璃砖在桌面上画一个正方形,再向右移动正方体玻璃砖至与正方形对齐(如图4-2-18),最后用直尺测出正方体玻璃砖对角线长度,助手立刻读出了数字。爱迪生说:“这是多么容易的测量方法啊,它又准确,又节省时间,你怎么想不到呢？还去算,那岂不是白白地浪费时间吗?”助手的脸红了。

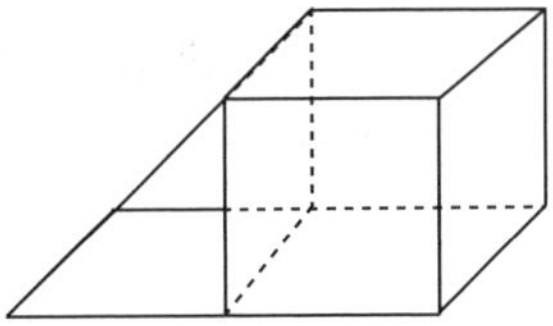

图4-2-18

在讲故事的时候我会强调爱迪生是一个只读了三个月书的人，而助手是一个大学生。为什么同一个任务，完成的情况会这么不同呢？这是因为爱迪生掌握了一种科学方法，它就是转换法：把难测的正方体玻璃砖对角线的测量转化为测正方体玻璃砖上一点到另一移动记号点间的距离，从而轻松地解决了问题。这就是科学方法的魅力。还可引导学生想到转换法的中国版：曹冲称象。聪明的曹冲把称大象的质量转换为测石头的质量，击败了所有学富五车的大臣们。

(三)转换法思维在低成本的实验探究中的妙用

转换法在初中实验探究中是除了控制变量法外的一种最常用的方法，往往也是实验探究的难点所在。因此，在探究中老师要引导学生积极思考如何转换。例如，探究浮力产生的原因时，浮力产生原因及方向需要间接显示出来。我们将矿泉水瓶的底部切掉，瓶口朝下，把乒乓球放入其中并落在瓶颈处，从上面倒水，直到水满后，乒乓球也不会浮起来，如图4-2-19所示。而只要用手从下面堵住瓶口，乒乓球马上会浮起来。这时可引导学生分析乒乓球开始没有浮起来而后来浮起来了的原因，探究出浮力产生的原因和方向。在探究影响动能大小的因素时，动能的大小需要间接呈现出来。我们可以将动能的大小转换成物体被球撞击后运动距离的长短来判断。再如，在探究导体产生的热量与哪些因素有关的实验中，电流通过导体时产生的热量无法直接观测和比较，我们可以为串联电阻丝上火柴头被点燃所用时的不同来说明电热与电阻的关系。

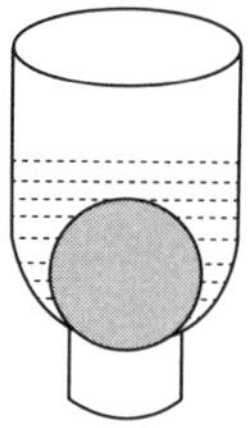
图4-2-19

(四)转换法思维在低成本的物理实验教学中实施的步骤

1.寻找物理量或物理现象的特点

(1)物理量虽存在却看不见摸不着，如电场、磁场、电流、红外线、分子、电磁波等等。

(2)物理量所产生的物理现象不易观察到，如物体的振动、力产生的微小形变、液体热胀冷缩的微小变化等等。

2.找出物理量产生的效果

如磁场能产生力的作用，使放入其中的小磁针转动；红外线使物体发热温度升高；紫外线能使荧光物质发光；分子运动使我们闻到气味；等等。

3.确定能显示效果的方法、低成本物品、实验方案

我们可以通过观察海绵的凹陷程度来研究压力的作用效果；根据灯泡的亮暗或电流表指针偏转幅度比较导体电阻的大小；用温度计来验证红外线的存在及热效应……通过观察，我们可以选用低成本物品发生的明显现象去推理出研究对象的相关规律。实践证明，在教学中适时向学生介绍、点拨，让学生在学习活动中去体验、体会转换法，对于培养学生科学素养，提高学生探究能力，使学生有效地应用物理知识和提高实践能力具有十分重要的作用。

物理学中科学探究方法很多，如何提高探究能力，对学生以什么样的教学方式、遵循什么样的步骤进行适当的科学方法的教育，是值得每一位物理教师认真思考的问题。

三十八、核心素养下物理实验说课——实验教学叙事

在大力提倡培养学生的核心素养的背景下，物理教学和教研活动的形式也发生着明显的变化。为了提高教师的教学技能和教学设计水平，学校的教学研究活动由过去教师单一现场授课，演变出光盘记录课、实验操作技能演示课，乃至当今流行的物理说课等多种教学研究形式。说课作为一种新时期选拔优秀人才、提高教研活动效率的教研形式，不仅是教师参评各种比赛的需要，同样也是提高教研活动质量的需要。说课之所以引起了广大领导和教师的关注，是由于说课有利于提高教研活动的实效，有利于提高教师的教学设计水平，有利于提高教师的自身素质，有利于提高教师运用教育教学理论指导教学实践的能力。中学物理教师系统地认识和学习说课是很有必要的。

说课是指教师在备课基础上，于授课之前面对领导、同行或评委，主要用口头语言讲解具体课题的活动设想及其依据的一种教研活动，它是教师将对教材的理解、教法及学法设计转化为“具体活动”的一种表达，也是督促教师进行业务学习和教育教学研究，提高业务水平的重要途径，还是评估教学水平的有效手段。说课分为课前说课和课后说课。前者侧重从理论的角度分析，后者侧重于从实践效果的角度分析。说课时间一般为20分钟。

实验教学是培养学生核心素养的主渠道、发展学生创新精神的主要阵地，是开展活动课、研究性学习的重要基础，同时也是发展科学精神、科学实验方法、科学态度的重要途径。因而加强实验教学研究、提高实验教学质量是实施核心素

养教育的重要方面。笔者借鉴课堂教学前后的说课活动形式，对物理实验教学的说课活动做了初步的实践与探究。

首先浅谈一下实验说课的模式。说课大致可以分为六大板块：第一板块说教材；第二板块说实验的目标；第三板块说实验的重难点；第四板块说实验器材及教具；第五板块说实验教学过程；第六板块说自我评价。在第一板块中要说清楚实验在第几章第几节以及该实验的重要性。第四板块要先说清楚教材上原有实验器材所存在的不足之处，再重点说针对这些不足之处所做的改进与创新。在这一环节要结合PPT用图片的形式将改进后的实验器材展示给观众，并把改进后的实验器材带到现场去让评委观看。展示实验器材的同时，要说清楚改进后的实验器材有哪些优点，这是实验说课的关键。第五板块也是说课的重点内容，要把自己是如何引入实验课的，是如何引导学生一步步进行科学探究的说清楚，并附上这样做的目的。重点说清楚改进后的实验过程以及实验现象，把改进后的实验优点用图片的形式展示给大家，最好亲自在现场做一遍，让大家亲眼看到改进后的好处。最后在第六板块中要总结性地说一下改进后的实验器材的优点，再自我反思还有没有值得进一步改进的地方。

下面笔者以"熔化和凝固"实验为例具体介绍。

(一)说教材

本节内容是八年级上册第三章第二节的内容，学生学到这一节时往往认为物体吸收热量，温度就一定会升高。那么在教学中我们就必须要让学生通过实验探究发现晶体在熔化过程中温度是保持不变的。同时培养学生利用实验记录的数据，通过描点法画出函数图像来帮助解决物理问题的能力。

(二)说目标

实验的教学目标包括两点：一是要让学生知道晶体和非晶体的熔化、凝固特点，了解熔点和凝固点的含义；二是了解晶体和非晶体熔化、凝固图像的物理含义。通过实验探究培养学生科学探究、科学态度与责任等物理核心素养。

(三)说重难点

本节课的教学重点是晶体熔化和凝固的特点，教学难点是晶体熔化和凝固特点的探究过程。

(四)说实验器材及教具

教材上是用海波做晶体熔化实验，加热、测温技术要求过高，耗时过长。而且教材上没有介绍晶体凝固实验，只是简单地说了一下晶体凝固是熔化的逆过程，即凝固点和熔点是相同的。这一点对于学生来说过于抽象，不便于学生更好地掌握。针对这些问题，我将晶体熔化实验，改成用冰来做。但是用冰做实验也遇到了很多问题。在最开始我直接选用碎冰做实验，由于把水冻成冰后取出来碎冰这一过程时间较长，再加上温度计的玻璃泡与碎冰接触不充分，在实验时就得不到0 ℃以下的温度记录及熔化过程中温度保持0 ℃不变的情况。而且直接用碎冰做实验也无法完成水的凝固实验。

针对这一系列问题，我将实验做了如下改进：这里我用的自制教具有低温源——自制冷冻剂，是用适当浓度的盐水冷冻成的碎盐冰。因为它的凝固点比水要低，所以就能让学生观察到冰在0 ℃以下的记录。还有自制的保温箱，是用较厚的泡沫制作的，在把碎盐冰从家里搬到学校的过程中起保温作用，以防碎盐冰在路上温度升高过快。还有一套熔化凝固演示器，是用小试管和套有橡皮塞的温度计制成的。在做凝固实验时，先在里面装入2 mL左右的水，这样就减少了水的质量，从而可以减少凝固时间，也能缩短冰熔化的时间。少量的冰在熔化时能够保证冰水混合物的温度比较均匀，所以能保持0 ℃不变，并且这套装置使温度计与容器融为一体，便于学生操作和观察实验现象。

（五）说实验教学过程

首先让每组学生点燃一支蜡烛并观察现象，随即提问：你看到了什么现象？这样引入新课的目的是让学生体验“从生活走进物理”，激发学生的学习兴趣。学生回答后，继续追问：那你想知道哪些有关熔化和凝固的问题呢？这样设计的目的是培养学生的问题意识和探索兴趣，培养学生学会探究的科学素养。在学生回答问题后，进行筛选：由于时间关系，今天我们要探究固体熔化和液体凝固时温度变化规律，以及物质状态变化如何。接着我让学生对这一问题进行大胆猜想与假设，这样设计的目的也是为了培养学生的问题意识和发散思维能力。猜想完成后，接下来就是设计实验与进行实验，提问学生：我们能在教室里自制冰棒吗？这是为了激发学生的学习热情与好奇心。随后分发实验器材，让学生根据这两样器材自制冰棒，同时很好地完成了对晶体的凝固实验的探究。在这一环节我要求学生每隔一分钟记录一次温度，并取出试管观察里面水的状态情况，同时做好记录。

当冰棒制作好了之后，就分组完成冰的熔化和石蜡熔化实验。众所周知，石蜡熔化实验操作简单，直接用热水加热即可很好完成实验，这里我主要说一下冰的熔化实验。由于时间关系我们一起来看下我录制的微视频。大家可以看到，用烧杯装入适量的20 ℃的水来进行水浴法加热小冰棒，整个过程的实验现象是很明显的，要求学生每隔半分钟记录一次温度和状态。当学生完成冰熔化和石蜡熔化实验后，将学生记录的时间值和温度值通过Excel描点连线作图。这样做能更好地向学生展示描点和连线过程，同时也让学生体会到计算机对物理学的帮助作用是很大的。由于学生做实验时是每隔半分钟记录温度值，那能否用更先进的仪器测出冰在熔化时连续不间断的温度值呢？它记录的温度值跟我们描绘出的图像相同吗？向学生抛出这些疑问后，拿出事先准备好的这一套“电子温度传感器和数据采集器”，重新演示冰的熔化实验，下面由于时间关系请大家看下微视频。通过视频，相信大家已经看到了这一套器材的优点，就是能连续地把温度随时间的变化关系用图像的形式更好地显示出来。这样做的目的是让学生了解现代发达的电子信息技术及其在我们物理学习上的运用。

接下来，根据学生画出的冰和石蜡的熔化图像，引导学生总结出它们各自的熔化规律，并由此将固体分为两类，晶体和非晶体。再结合自制冰棒过程中学生记录的温度值和水的状态，得出晶体的凝固特点，并得出同一种晶体熔点和凝固点相同的结论。通过实验得出的这一结论能让学生更好地理解和掌握。

(六)自我评价

优点：

(1)自制器材制作简单、操作方便，实验现象明显。

(2)可以得到准确的数据，便于学生更好地掌握晶体熔化规律。

(3)同时更好地完成了晶体凝固实验的探究，弥补了教材上没有凝固实验的不足。

(4)运用了电子温度传感器和数据采集器，温度能连续不断地被记录在图像上，实验数据更加准确，效果更加明显。

缺点：

自制保温桶保温时间不是太长，装冷冻剂的塑料杯取出来后会逐渐升温。

最后，感谢各位老师的批评指正！

三十九、实验教学感悟——实验教学叙事

物理课中，实验是必不可少的。我刚入职的时候，对实验原理的理解并不成熟，我会认真准备，并尽量让学生都看到实验。在后来的教学工作中，我逐渐意识到，做实验的目的是让学生学知识。因此，实验不仅仅要做好，而且要讲好，在做实验的时候，老师的关注点依然应该是学生。好的实验，不仅让学生看着有趣，而且要让学生理解其中的物理知识。

有些知识在教材上讲解比较容易，但是落实到实验上时，就会出现各种各样的问题。下面我把我在教学中一些实验的做法与技巧提出来，仅供参考。

1.小孔成像

课本上所给的小孔成像器材制作困难，且不能完全验证小孔成像实验中的全部特点，包括孔的形状、孔的大小、孔屏距离对成像的影响等。我在实验中，是利用实验室现有的光具座、光屏、蜡烛灯和自制暗室来完成的，孔的形状和大小可以随意更换，而孔屏距离也能比较方便地调整。

2.碘升华

做碘升华实验的传统方法是把装有碘的玻璃瓶直接放在酒精灯上加热。但在这个过程中，难免会有部分碘熔化。为了避免碘熔化后再汽化对实验的影响，我在实验中将装有碘的玻璃瓶放置在热水中，同样能直接观察到碘升华的现象，同时从理论上避免了碘熔化（碘的熔点为113.7 ℃，热水的温度不超过100 ℃）。

3.光在同种不均匀介质中的传播

这个实验在教材上没有给出准确的做法。如果要想看到光在不均匀介质中光路的传播，可以通过浓度不同的糖水来实现，但是这样的实验操作难度大，且不能长时间保存。在实验中，我是通过酒精灯、铁架台、激光笔来实现的。在这个实验中虽然不能直接观察到光路的传播，但可以通过墙壁上光点的抖动说明在传播过程中光没有沿直线传播。

4.流体压强与流速的关系

验证流体压强与流速的关系有这样一个实验，让学生吹纸条的上方，观察纸条的运动情况。但在实际操作中，必然会有学生吹纸条的下方，也能看到纸条向上运动。在实际的教学中，为了避免这样的情况对学生理解知识造成困扰，我让学生将纸条夹在书里，避免有下方气流干扰实验。在用漏斗和乒乓球验证流体

压强和流速的关系时,为了避免学生误认为其实是在吸,在实验中,我是通过电吹风机来代替口吹完成实验的。

5.大气压对水沸点的影响

在研究大气压时,会提到气压降低,水的沸点也会降低。但这个关系每一届的学生都容易记错。为此我专门利用真空罩做了水在常温下沸腾的实验,便于学生理解记忆。实验中,把热水放在真空罩里,当真空罩内的气压降低之后,可以明显看到水沸腾。

6.浮力产生的原因

对于浮力产生的原因,教材仅仅做了理论分析,并没有设计实验。我在平时的教学中,一般会通过1个矿泉水瓶和2个乒乓球来简单演示浮力产生的原因。这样的实验具有简单、易于操作的特点。

通过实践,我认为做好物理实验,要做好以下几点。

勤于动手:很多实验在理论上都比较容易,但在真正做的时候会遇到各种各样的问题,哪怕是一个很小的问题都有可能导致整个实验失败。在我做飞机机翼模型的时候,为了让模型能够在风洞内顺利上升,做了多次尝试才成功。

不怕失败:有些实验在理论分析和设计的时候都应该取得较好的实验效果,但实际做出来的效果却并不理想。而且这样的实验会有很多,比如我为了完善摩擦力的探究实验,做了一个电动传动带,钱和时间都用了,但却因为传送带的连接处不能做到平滑,而导致实验效果并不理想。像这样的例子在我的教学过程中还有很多,但经过失败,至少知道了这样做是不行的。

总结经验:虽说不怕失败,但我们所期望的肯定还是一个成功的实验,所以平时在做实验的时候,如果能做到有效地记录实验结果,分析失败原因,那么对于以后做出成功的实验必然会有较大的帮助。

总的来说,好的实验不仅仅会给学生带去学习的动力,同时,也能让学生在轻松愉快的环境中完成知识的学习。一个老师能想到几个好的实验方案,都是要花时间和精力的,而如果想完成教材全部的实验设计,那需要大家把自己更多更好的想法和思路分享出来,做到资源共享,这样才有利于教师给学生带去更多、更好的实验。

四十、谈初中物理实验课自主学习能力的培养——实验教学叙事

物理实验教学是初中物理教学的重要内容，也是教学中非常重要的一个环节，在初中物理实验课中有效培养学生的自学能力不仅是为了加强学生的动手操作能力，以便让学生对物理知识了解得更为透彻，更是为了有效唤起学生的主体意识，让学生得到综合发展，为以后的学习和生活打下良好的基础。我将从以下几个方面阐述初中物理实验课中学生自主学习能力的培养。

（一）实验课在培养学生自主学习能力方面的优势

1.实验与兴趣相连

在传统的初中物理教学过程中，有很多问题会直接导致学生对物理的学习兴趣不高，并在一定程度上影响学生的学习积极性。究其原因，我们会发现，学校在开设实验课时经常出现时间不足的情况，大部分物理实验只能是教师将其搬至教室中，从而使物理实验的意义大打折扣。在教师演示实验的过程中，我们会发现，教师一般以自己作为教学的主体，忽视了学生的主体性，这并不符合新课标的要求。因此，教师应该把理论与实践结合，将学生的兴趣充分挖掘出来。

2.实验与思维有关

在自主学习能力提升的过程中，学生的思维能力是最为重要的部分，也是学生能力的本质内容。在开展初中物理实验教学时，对学生的思维能力的培养是实验教学的重点，也是难点。在整个学习的过程中，学生要学会对已经学习过的知识进行梳理，从而在一定程度上发现实验中可能出现的问题，并对其进行适当的思考与归因，从而合理地找出问题所在，找到科学的实验方法。这整个过程就是一个不断探索与思考的过程，是一个与思维密切关联的过程。

3.实验与自主有关

在传统的物理教学过程中，学生是被动接受者。被动学习会在一定程度上使学生失去学习的动力，以至于学生的思维主动性大大降低，从而严重影响学生的发展。实验的过程，本就是一个学生自主学习以及思考问题、解决问题的过程，也是培养学生的自主学习能力的过程。

(二)初中物理实验课学生自主学习能力培养的策略

1.实验要与兴趣相结合

在传统初中物理教学过程中,很多教师只重视对理论知识的讲解,而忽视了对物理实验的教学,也自然没有注重在实验课中对学生自主学习能力的培养,这就造成学生在物理学习过程中只知其然而不知其所以然。新课标要求,教师要在物理教学中促进学生的全面发展。这就需要教师在物理实验教学中有效激发学生的学习兴趣,注重物理实验的教学,有效培养学生的自主学习能力。

例如,在学习“声现象”时,因为声音是学生在生活中随处都能听见的,发声也是学生自己每天都在进行的事情,学生可能会对声音的探究比较感兴趣。那么,在教学时,教师要努力抓住这一点使学生能积极主动地投入物理实验教学中,并能自主地对物理实验进行探究,有效培养学生的自学能力。比如,为了探究声音的产生,有的学生在自己说话时用手摸着颈前部分来感受声音,有的学生会通过彼此之间的大喊来探究声音的传播。不论学生的探究方法是否正确,只要学生投入其中,并愿意自己对物理实验进行探究,便可以有效提高学生自主学习的意识,促使学生发展得更为全面,从而有效提高初中物理实验课的教学效率。

2.实验要与思维互动

创新思维是自主学习的核心,是学生进行高效自主学习的保障。为此,在进行初中物理实验课教学时教师要注意有效渗透科学研究方法,加强学生的动手能力,启发学生的创新思维,使得学生不仅能将物理知识掌握得更加全面,也能有效提升思维能力,达到事半功倍的效果。

例如,在学习“弹力”时,教师可以根据教学内容让学生设计出一个对弹力进行探究的合理实验。从提出问题开始,逐步进行猜想和假设、制订计划与设计实验,再到完成实验得出结论,通过这一系列的科学探究,使学生高效完成实验任务。在这个操作过程中,学生的思维一点点得到提升,逐渐形成有效的思维习惯和物理思想,为以后的学习和生活打下良好的基础。

3.实验要与自主学习相关

物理是一门实践性极强的学科。在传统的物理实验课堂中,教师在进行物理实验教学时经常给学生演示一遍或让几个学生站上讲台,在老师的指导下演示一遍便得出实验结论。这样做一方面是因为物理实验的操作难度较大,甚至有危险，不适合学生单独做；另一方面是因为教师没有意识到实验教学的重要性，在教学中总是以讲述理论知识为主。为了有效培养学生的自主学习能力，教师在实验教学中要充分尊重学生的主体地位，多给学生创造机会，让学生独立进行物理实验操作。

例如，在学习“电流和电路”时，教师可以给予学生相应的实验器材，让学生自主进行电路串联和并联的实验探究，可以让学生通过相互合作来完成，也可以让学生通过查阅资料自己来完成。总之，在课堂中教师应该给予学生充分的自主权，使学生有自我发挥、自我展示的机会。这不仅有利于激发学生的学习兴趣，而且能有效培养学生的自主学习能力和创新思维，既能满足学生学习发展的需求，也能满足学生个性发展的需求，促使学生综合发展。总之，在初中物理实验教学中有效培养学生的自主学习能力不仅可以提高学生的学习效率，让教学效果更为显著，还能有效激发学生的创新思维，让学生养成良好的学习习惯，为学生以后的学习和生活奠定基础。

四十一、多媒体给物理实验课堂增添活力——实验教学叙事

在中学物理教学中，实验教学十分重要。实验教学不仅能够培养学生动手操作的能力，还能够提高学生各方面的综合能力和素质。但是对于大多数学校来说，让每个学生都参与动手操作是很难做到的，因为这需要相当大的经费开支。因此，做好演示实验就显得特别重要。对于借助多媒体做好演示实验，我有如下观点与大家共同探讨。

（一）利用多媒体放大演示实验

在中学物理教学中，很多实验现象是很细微的，必须要通过视频放大实验现象才能让全体学生都观察清楚。例如，在探究声音是由物体的振动产生的时候，教师要用扩音器播放音乐，并在扩音器上放些纸屑，实验现象是纸屑在跳动。但是由于教室比较宽敞，学生较多，后面几排的同学就不一定能看到纸屑跳动的现象。为了更好地展示实验现象，此时教师可以边演示边用摄像头进行电脑摄像，同步将实验现象投影在屏幕上，这样全班同学在任何位置都能很好地观察到，从而提高实验效果，更好地达到演示的目的。再如，在学习温度计的使用时，我们用小玻璃瓶装红墨水，在里面插入一根小玻璃管，当把这个简易的

“温度计”放入热水中时,可以看到细微的红墨水上升的现象。但这个装置本身很小巧,可见度不是很高,所以同样通过摄像头录像并展示在屏幕上,能改善提高实验效果。

(二)利用多媒体化抽象为具体

在物理教学中,有很多比较抽象的物理概念。这时想要让学生更好地理解并迅速掌握,就必须利用多媒体软件将抽象的知识形象化、具体化。例如在学习电流的强弱时,教师本来可以通过一节干电池和两节干电池分别与一个灯泡串联,让学生观察灯泡的亮度,学生可以明确电流是有强有弱的。但是前后两次导体内部电流的流动到底有什么区别,对于初中生来说还是很难理解。于是老师可以利用Flash软件,制作出前后两次导体内部电流的流动情况,以水流进行类比,直观形象地表达出电流的强弱,从而使学生更好理解。通过多媒体课件将本身抽象的规律和概念形象化,突出了事物的重点和本质属性,便于学生观察并形成表象。通过多媒体,学生不但可以接收到大量的教学信息,而且能获得清晰愉悦的感受。动画生动形象,图、文、声配合,能极大调动学生参与的积极性。多媒体技术可以模拟微观世界,将复杂的物理现象和物理过程等,化抽象为具体,化复杂为简洁,创建直观性和动态性情境,最大限度地激发学生对物理的学习兴趣。合理运用多媒体辅助教学可使课堂生动、活泼,让学生在轻松愉悦的气氛中学习,学生接受知识快,课堂效率高。

(三)利用多媒体节约实验处理时间

通过多媒体辅助教学可以将复杂的演示实验数据处理变得简单快捷,从而提高教学效果。例如,在晶体熔化实验中,当冰棒制作好了之后,就分组完成冰的熔化和石蜡熔化实验。众所周知,石蜡熔化实验操作简单,直接用热水加热即可很好完成实验,这里我主要想说一下冰的熔化实验。我选择的是用烧杯装入适量的20 ℃的水来加热小冰棒,整个过程实验现象是很明显的,要求学生每隔半分钟记录一次温度和状态。当学生完成冰熔化和石蜡熔化实验后,我将学生记录的时间值和温度值用Excel作图,这样能更好地向学生展示描点和连线过程,同时也能让学生体会到计算机对物理学习的帮助作用是很大的。学生做实验时是每隔半分钟记录一次温度值,那能否用更先进的仪器测出冰在熔化时连续的温度值呢？它记录的温度值跟我们描绘出的图像相同吗？向学生抛出这些疑问后，我拿出事先准备好的电子温度传感器和数据采集器，重新演示冰的熔化实验并得出实验图像。大家不难看出这套器材的优点就是能连续地把温度随时间的变化关系用图像的形式更好地显示出来。这样做的目的是让学生了解现代发达的电子信息技术及其在我们物理学习上的运用。直接在电脑上进行计算得出实验结论，从而使复杂的计算变得简单易行，同时也具有很强的说服力，不仅节约了教学时间也提高了教学效果，可谓一举两得。

（四）利用多媒体播放实验视频代替具有危险性的实验操作

物理演示实验大多数是可以现场演示的，但是也有少数实验对条件的要求是我们普通教室达不到的，因为它具有一定的危险性。比如在教学大气压强时，世界上第一次精确测量出大气压值的实验是托里拆利实验，这个实验是用水银来做的，因为水银是有毒的，而且它易蒸发到空气中，所以用它做实验具有一定的危险性。用实验视频代替现场演示就能很好地避免中毒的危险，同时也能让学生直接观看到该实验是如何具体操作的，并可以在播放视频的过程中点击鼠标暂停，然后讲解在暂停处必须高度重视的地方。这样可以加深学生对实验的印象和理解。

虽然多媒体的运用给中学物理演示实验带来了如此多的便利，但是完全用多媒体课件来代替实际的演示实验是万万不可取的，只有将演示实验与多媒体两者很好地结合起来运用才能收到意想不到的效果。

四十二、微课丰富了初中物理实验教学的手段——实验教学叙事

随着现代信息技术的高度发展，移动智能终端的不断普及，微课作为一种新型的信息化课程资源应运而生，掀起了教育界的研究热潮。近年来，随着各级各类微课大赛的举办，越来越多的教师开始尝试开发与设计微课教学资源。我们教研组也积极加入该行列，积极尝试录制微课，查阅有关资料并交流讨论，获得了一些经验和感想。现总结如下，希望能为微课的应用与发展做出些微贡献。

（一）微课

微课以微视频为核心，辅以一系列相配套的教学资源，并与教学内容、教学目标、教学方法等客观因素有机结合，形成了层次分明、主题明确、内容丰富的立体教学情境。与传统教学资源相比，微课主要有以下几个特点。

1.内容简短，易于掌握

一节微课视频的时长一般不超过10分钟，通常只详细地讲解一两个知识点。大部分学生保持注意力高度集中的时间在10分钟左右，学生可以在注意力最集中的时间内完成学习，根据自己的掌握程度调整进度，通过合理分配时间，提升自主学习的效率。

2.目标明确，重点突出

微课只需着重讲解具有重要学习价值的部分，或专门演示某个环节的教学活动。教师可以突出教学主题，明确目标指向，更好地将知识传授给学生。而学生也能更有针对性地学习，提高听课效率。此外，学生可以借助微课进行自主学习，根据自身情况制订学习计划，自主决定学习进度，及时调整状态，高效地完成学习任务。

3.结构灵活，便于调整

微课的结构灵活多变，各种教学资源随时都可以根据实际需求进行调整。教师可以在完成一个微课视频后进行反思，学生在完成学习后也可进行反馈。结合自身的反思和学生的反馈，教师能够及时做出针对性调整，确保课程得到不断完善。

4.传播性强，应用广泛

微课视频容量不大，方便在网络上传播共享，或下载至移动设备。学生可以通过多种渠道获取所需微课资源，利用零碎的时间自主完成学习。良好的传播性，使得微课能够被广泛地应用于多种教学情境当中，使得学习更加自主高效，不受外在条件限制。

（二）实验微课的设计原则

实验微课是指教师通过操作或演示实验，讲解、分析实验原理，演示实验操作步骤，得出实验结论，评估实验等过程，引导学生进行科学探究，培养学生科学探究能力的一类微课视频资源。

实验微课的设计，从总体上看必须首先要遵循建构主义教学设计的基本理念和原则。但微课的设计与传统教学设计又有性质上的不同，自身特点鲜明。而实验微课更不同于讲授、解题、答疑型微课，也具有鲜明的特点。因此教师必须遵循一定原则，针对待解决的问题设计探究型实验微课。

笔者结合微课的特点、初中物理实验教学现状及特点，得出初中物理实验微课程设计的原则如下。

1.以学生为中心

人本主义心理学家提倡意义学习，提倡教学要让学习者通过内在驱动力来投入学习活动。所以在微课设计中，必须明确突出学生的主体地位，分析学生的学习特征，了解学生的学习需求，并在此基础上选择教学的内容和形式。选择出的内容和形式都要以学生为中心，为学生的学习服务。并且，在学习资源的组织上，也要始终以学生为主体，合理安排知识呈现的内容和顺序，使微课能充分调动学生的学习积极性、主动性，从而起到激发学生学习兴趣、保持学习动机的作用。

这就要求教师：在设计前，充分了解、分析学生的学习情况；在内容选择上，充分考虑学生的学习需求；在设置问题时，符合“最近发展区”理论的要求，既能激发学生对知识的探索欲望，又能让学生感受进步，获得成功的喜悦；在录制时，用最合适的教学口吻、姿态等，充分调动学生学习的积极性，真正参与其中。

2.合理选择、安排教学内容

尽管微课最重要的特点是“微”，但“微”并不是教学内容非常微小，更不是要将知识无规则地碎片化。因此在设计微课时，要合理选择、合理安排教学内容，不能使实验内容的整体性遭到破坏，但也不能面面俱到，要有针对性，真正体现出微课短小精悍的特色。

3.实验的真实性、可视性

学生在课堂学习中非常关注演示实验，但是对传统课堂教学中演示实验的可视性满意度不高。因此教师设计微课时一定要注意演示实验的真实性和可视性。教师在微课的设计中，要尽可能亲自录制演示实验，避免采用网络上的视频，更不要采用模拟动画播放，以保证实验的真实性。录制微课视频时，必须选择好拍摄视频的角度，保证画面整洁、现象明显，保证演示实验的可视性。

4.启发思考

在实验微课设计中，要尽可能让学生在教师的引导下，发现问题、主动质疑、分析思考、解决问题。所以，实验微课的设计要注重启发性，打开学生的思维，拓展学生的能力，避免让学生被动地接受。

5.交互性

建构主义强调“协作”与“会话”，强调学生之间、师生之间的沟通交流，如果教师从头到尾只有纯文字的讲解，会让学生感觉枯燥、乏味，从而对微课失去兴趣。学习风格理论指出，大多数学生对文字的记忆远弱于对图片的记忆，当图文组合呈现内容时，比纯文字效果更好，学生兴趣也更易保持。所以，设计微课时，应加入图片等元素，增强学生与图片、动画的互动。由于学生和教师并不是直接在线交流，在微课设计中如果不注重交互性，会使教师的存在感减弱，学生学习积极性下降。在设计微课时，要注意通过巧妙设计活动环节或思考问题来引导学生，减小师生的情感距离，提高教学效果。

总的来说，实验微课设计要做到值得学、想要学、容易学。“值得学”指的是微课内容对于学生来说“有用”，值得付出时间观看。“想要学”指的是微课要有趣，要有吸引力。“容易学”指的是教师懂得如何设计，将问题处理得透彻明白。

（三）实验微课的设计与制作的步骤

笔者结合初中物理实验微课自身的特点及要求，尝试构建了有自身特色的初中物理实验微课设计流程及其组成要素。整体主要分为四个步骤：选择课题、学情分析、教学内容设计、评价与反馈。

1.选择课题

在微课设计时，教师应首先确定实验内容。所选择的课堂内容，必须是有利于培养学生创新思维的实验。教师应明确，选择的内容是希望通过录制演示实验视频突出实验现象及效果，还是希望学生通过微课巩固实验的操作步骤，或是掌握实验的原理。要有理由地选择课题，而不是随意地设计，若随意选择课题，容易造成微课程资源浪费。

2.学情分析

在明确选择哪个实验内容设计微课后，教师应对该课内容进行学情分析。

学情分析包括两个部分，针对学生的学情分析和针对学习内容的分析。

在微课设计中，学生是核心。学生学习前所具备的知识和技能、所持的态度是教学成功与否的关键。学情分析一般包括一般特征分析、学习风格分析和初始能力分析。学生的一般特征是指包括年龄、性别和生活经验在内的与具体学科内容无关但影响其学习的生理、心理和社会等特点；学习风格是学生通常的具有个性特征的学习方式，包括学习策略和学习倾向；初始能力分析是指了解学生在学习微课前已经具备的知识技能基础以及对有关学习内容的认识与态度，以确定教学的起点。

学习内容分析是教师在分析教材内容，解读课程标准，准确把握学生学习需要的基础上进行的。要根据课标要求，确定学生需要对实验掌握多少、到什么程度，同时也指出所学习的实验内容与物理知识点之间的关系。

3.教学内容设计

微课设计的核心部分是教学内容设计，包括以下几个部分：制订教学目标；创设情境，设计教学活动；搜集教学资料，开发学习资源。

（1）制订教学目标。在根据实际课题和实际情况进行学情分析后，教师就可以有依据地制订合理的学习目标。微课具有时长短、知识容量小的特点，因此微课教学目标设计不宜贪求多、全，不要求从三个目标维度来制订，而应单一具体，指向明确，要做到让微课中的每一个部分都拥有对应的具体目标和明确定位，让微课真正实现短小精悍，发挥其最大的功效。实验探究型的微课，目标编写更强调从过程与方法维度出发。

（2）创设情境，设计教学活动。在确立了教学目标后，教师要根据具体的教学目标，设计出流程式的教学过程，完成“微教案”。微课的学习有一个显著特点：学生利用碎片化的时间在自主选择的环境下进行学习，在学习过程中，存在很多不确定性，例如教师无法把握学生学习时的情绪。因此教师在设计教学过程时，应创设适合学生学习的情境，来激发学生学习的兴趣，迅速吸引学生。

教师需考虑如何设计出适于学生学习的教授活动，同时还要思考如何让学生的思维动起来，要有启发性。在微课的使用过程中，师生并不是同时在线，无法实时交流。如何能够保证学生思维不出现偏离，又能打开学生的思维，让学生动脑思考，就需要教师在设计教学活动的时候特别注意有效引导，多提问。

(3)搜集教学资料、开发学习资源。微课以视频的形式展现教学内容,对图片资料、题材新颖且图像清晰的视频资料需求很大。实验微课就是在优秀的教学设计这一框架下,由图片、视频等资源构建起来的。要设计出画面清晰、受学生欢迎的微课作品,一定要注重平时的资料收集工作。教师在平常浏览网页时,要收集可以用于实验微课设计的图片、视频资源,更要关注可以为微课教学设计锦上添花的新鲜事物、新颖观点和现象的收集。

实验微课学习资源包括实验、课件、学案、练习等。在设计实验时主要应从实验装置的选择、实验操作的程序及一些具体的注意事项等几个方面着手。设计微课时必须要注意以下几个方面:画面简洁、不花哨,避免一页中放太多文字内容,要尽量避免无关内容分散学生的注意力;文字清晰,不与背景颜色混淆;有意识地利用下划线、着重号、圆圈、箭头、不同的颜色等来标示区分信息,突出重点内容。

视频是微课最为核心的学习资源。视频的设计包括:分镜头画面设计、时间安排、文字脚本设计。分镜头画面设计是指教师对微课所需要呈现的画面内容进行预设。需设计某个画面是课件录屏,还是录制实验。录制实验时,镜头是近景还是对实验仪器进行特写。这些都需要有一个明确的构思。时间安排包括教学各部分的时间安排和每个分镜头的时间安排。只有合理安排每个镜头的拍摄时间,才能使学生学习时取得最佳效果。文字脚本设计指教师要设计整个微课视频中所需要讲解的内容,包括在每个镜头中组织语言来吸引学生,各部分内容之间的衔接,明确学习任务等。

在录制视频时还需特别注意以下几个方面:实验现象要明显,对必要的细节应该利用特写进行重点说明,后期配合慢动作播放、箭头标示等;针对不同的实验微课,采用不同的录制方式,“课件+录屏”、现场拍摄等多种方式巧妙结合,保证整体效果。

4.教学评价

教学评价应包括对学生学习效果的评价和对微课设计的评价。对微课设计的评价主要通过教师之间的探讨与交流来实现。教师在完成物理微课教学设计后应与有经验的教师仔细探讨,不断反思,修改教学设计中不理想的部分,来实现整个微课教学设计的最优化。对学习效果的评价是指学生在学习完微课进行练习后,通过将其对知识掌握的情况与学习目标预设对比来进行评价。学生在学习完微课后,反思评价自己的学习情况。

(四)总结与反思

微课凭借其可视化、移动化、碎片化的特点,可将在传统物理实验课堂中不易操作、现象不够明显的实验全过程直观地呈现在学生面前,有助于实现教育公平;可以补充实验理论内容与设计思路,使学生积极地掌握物理实验规律和操作规程;可以使学生接触到多元的教学风格和手段,体会不同教师的讲解方式。

充分利用实验微课资源,可以延伸和扩展学生学习的时间和空间,有效地利用有限的实验资源,提高初中物理实验教学的效率。

第五章　身边物品在初中物理实验教学中的应用

初中年龄段的学生大都具有强烈的操作兴趣，希望亲自动手做实验，教师要充分保护和利用这个积极性，让学生更多地参加物理实验和探究活动。为解决实验室器材缺少的问题，利用身边的物品进行物理实验无疑是一种有效手段。这样还可以让学生体会到科学就在身边，使学生在生活中认识物理，对学习物理更有激情，从而培养学生物理学科的核心素养。在教学过程中如何利用身边的物品进行物理实验，是一名物理教师要重视的课题。这里，笔者就自己的教学实践，谈一谈有关物理实验教学的一些粗浅的见解，以起到抛砖引玉的作用。

第一节　身边物品在初中物理实验教学中的应用研究

一、研究背景及意义

（一）研究背景

物理是一门以实验为基础的学科，物理实验是物理教学的一个重要组成部分，物理实验是提高学生实践能力与创新能力的重要途径，更是学生科学素养形成不可或缺的环节。初中物理新课程标准提出了以“知识与技能、过程与方法、情感态度与价值观”为三维目标的教育教学模式，其核心理念是改变学生的学习方式，提倡学习方式的多元化，培养学生科学探究的思维和能力，提高学生的科学素质，提升学生的创新意识和创新能力。

目前，一些学校的物理实验室管理不到位，没有专职实验管理人员，实验器材损坏严重，很多演示实验、学生实验无法开展。因此，实验器材短缺已经成为我们物理教师必须面对的现实问题。

初中物理教师用身边的物品开发实验的研究不仅能成为教师参与科研、促进专业发展的重要途径，更能为学生提供丰富的感性认识，为其思维加工提供大量的素材，为学生的学习能力、科学方法和科学素养的培养创造良好的条件。

（二）研究意义

《义务教育物理课程标准（2011年版）》指出："义务教育物理课程应注重与生产、生活实际及时代发展的联系。"新课程标准强调："中学物理应以提高全体学生的科学素质为主要目标。"这就要求在物理教学中，教师不但要注重知识的传授、技能的训练，还要注重学生高尚思想品质的培养。教师要注意培养学生勤于思考、善于实验的良好习惯，使其通过实验掌握知识，同时要鼓励学生因陋就简，就地取材，充分利用身边一切可利用的生活物品，自制学具，变演示实验为分组实验，开发他们潜在的智力和想象力，激发好奇心和求知欲，并使学生从中获得意志和个性自我完善的满足感和愉悦感，为推进素质教育、培养和造就合格公民及高素质技能型人才奠定基础。

本课题可以使广大物理教师对用身边的物品开展初中物理实验的研究有一个全面而正确的认识，意识到该研究对于促进教师自身专业素质的提高、教育教学方法的改进创新以及教学质量的提高都有很大的促进作用。该研究还可以让教师不断地认识和发现教育教学过程中的问题，并寻求解决问题的途径，进而得出教育教学的规律，并运用规律来指导自己的教学实践。

初中物理教师用身边的物品开展初中物理实验，可以解决或缓解实验器材短缺问题，满足经济落后地区中学开展物理实验教学的需要，还可以让学生有更多发现新问题的机会，提高学生对物理的学习兴趣，培养学生合作交流的意识，从而培养学生的实践能力、创新能力等。同时，教师通过研究可以提高自我成就感，在研究中教学，在教学中研究，从而使得教师在教育教学活动中做到游刃有余。

二、理论基础与现实依据

（一）理论基础

1.实用主义教育思想

实用主义教育思想于19世纪末20世纪初产生于美国，美国教育家杜威是其主要代表人物。实用主义教育思想批判传统的教育理论，强调教育与生活、学校与社会的联系，主张在课程、内容、方法以及师生关系上进行改革，并形成一个颇为系统的教育思想体系。作为一种重要的教育思想，曾对美国以及世界上许多国家的教育产生过广泛而深刻的影响。

2.创新教育思想

随着科学技术的迅速发展，知识经济和信息社会的来临，迫切需要高素质、具有创造能力并全面发展的人才。为此，世界各国都十分重视开展创新教育。创新教育就是以培养人创新精神和创新能力为基本价值取向的教育。其核心是在全面实施素质教育的过程中，着重研究与解决在基础教育领域如何培养中小学生的创新意识、创新精神和创新能力的问题。教育创新是创新教育的基础，要实施创新教育，必须对教育体系、教育结构、教育观念、教育方法、教育手段、课程教材等教育领域进行不断的创新和变革。

3.物理实验教学理念

实验教学是学校开展科学教育和理科教学过程中的一个十分重要的实践教学环节，是培养学生创新精神和实践能力的重要途径，也是学生学习理科的主要方法之一。在物理学中，每个概念的建立、每个定律的发现，都有其坚实的实验基础。实验在物理学的发展中有着巨大的意义和推动作用。实验赋予了物理学思想和内容，实验促进了物理学的发展，同时物理实验自身也是不断发展的。

（二）现实依据

1.新课程改革的需要

物理课程标准指出，要突出物理学科特点，发挥实验在物理教学中的重要作用，倡导利用日常器具做实验——实验室的课程资源不仅限于实验室的现有设备，学生身边的物品和器具也是重要的实验资源。利用日常器具做实验，不但具有简便、直观等优点，还能降低实验成本，提高实验质量，增加学生对物理课的亲切感，培养学生的科学素养。因此，研究开发和利用身边物品进行物理实验是物理教育改革的一个重要方面。

2.资金紧张、器材缺乏的农村中学实验教学的需要

农村中学实验教学条件有了很大改善，为完成课程标准规定的实验提供了一定的保证。但是部分农村中学物理实验仪器、实验设备仍然不足：一是原配仪器未及时更新，与新教材不配套；二是演示实验和学生分组实验仪器由于未得到

及时补充，数量极其有限；三是有些实验教学仪器设备功能不理想，以致实验现象不明显，可见度低。若能在农村中学推广普及用身边物品做物理实验，无疑是解决仪器不足的一条有效途径。

3.培养学生实践能力和创新能力的需要

素质教育重在培养动手能力和创新能力，要求激发学生独立思考意识和创新意识，培养学生科学精神和创新思维，鼓励学生参加形式多样的实践活动，培养动手能力。利用身边物品进行的物理实验，立足生活实际，体现科学原理，有利于培养学生实践能力和创新能力。

三、核心概念界定

在本课题的研究中主要有两个核心的概念：身边的物品、初中物理实验。

（一）身边的物品

“身边的物品”强调的是教师或学生易搜集、加工的物品。这些物品不是实验室里配备好的专门仪器，需要师生用发现的眼光去搜集，用灵巧的双手去加工，然后为自己做实验所用。

（二）初中物理实验

“初中物理实验”包括的范围是全日制九年义务教育八、九年级中的物理实验。

四、国内外研究现状述评

（一）国外研究现状

国外的中学物理教学中，用身边的物品做物理实验一直受到教师高度重视。在日本和欧美等发达国家，用身边的物品做物理实验一直受到研究者的关注。美国中学教师提倡用身边的物品、随手可得的器材做实验，只要能用实验说明的一般不用语言描述，并且鼓励学生勤观察、勤思考、勤实验。“科技立国”是日本面向未来发展提出的基本战略，同时也是日本第三次教育改革的方针，提出教育必须担负起培养科技人才的重要使命，教育自身也必须成为科技发展的重要基地。日本教师也热衷于研究用身边的物品做物理实验，一大批热心教师用身边的物品做物理自创实验，他们组织了许多物理教学研究团体，其中最出名的要数“山猫”学会。他们用身边的物品自创了许多高智慧的物理实验。德国的物理教材编有300多个实验，其中绝大多数实验是可以由学生利用简单易得的器材完成的。用身边的物品做实验，教师往往要根据教学需要自制教具，把抽象内容具体化，把趣味带进教学课堂。英国中学物理教育非常重视多样化的科学实践活动，科学教师花费60%～80%的时间对11～14岁的儿童开设实验课程，花30%的时间对16～18岁的少年开设实验课程，教师和学生都非常重视实验。物理课上大多数时间是学生自己动手做实验或观察教师的演示实验。学生可以从实验室仪器架上取仪器，自己设计和完成实验，分析数据，得出结论，并写出实验报告。可见，国外物理教师非常重视利用身边的物品做物理实验，有效地激发学生的学习动机，培养学生的创新能力和实践能力。

（二）国内研究现状

我国经济基础比较薄弱，农村中学实验教学条件堪忧。20世纪60年代，在实验器材十分短缺的情况下，朱正元教授就提倡自制教具，有效开展物理实验。他提出“巧媳妇能为无米之炊”和“坛坛罐罐当仪器，拼拼凑凑做实验”的思想。南京师范大学的刘炳升教授一直从事中学物理实验和自制教具的研究工作。他用装胶卷的暗盒制作物理小车、滑轮、万花筒等实验仪器。

国内把用身边的物品做实验作为课程资源开发的一个分支，主要体现在自制教具活动中。自制教具的特点是取材容易，易于推广。例如，能用气球做20多个别开生面的小实验，能用塑料瓶做50多个有趣的实验，这些实验的共同特点是简单、巧妙，便于学生参与。所以，用身边的物品做物理实验是课堂教学的延伸和补充，是搞好物理实验教学不可忽视的重要组成部分，也是提高广大师生创新能力和实践能力的需要，更是农村中学有效实施新课程的需要。从一定意义上说，该课题研究有利于提高学生的学习兴趣，有助于弥补学校实验器材的不足，有效填补物理课堂教学活动的空白，具有较大的前瞻性和推广性。

五、研究目标及内容

（一）课题研究的目标

（1）教师对每一节与实验有关的课，设计出利用身边的物品做实验的教学方案，以此促进教师的专业发展和成长，提高物理教师学科素养。

(2)通过该课题的研究，培养学生学习物理的兴趣，促进学生科学素养的全面提高。

(3)通过研究，初步探索出利用身边的物品做实验应遵循的基本原则。

(4)通过研究，初步得出利用身边的物品做实验的途径。

(二)课题研究的主要内容

1.用身边的废弃物品(如矿泉水瓶)来进行实验研究

搜集老师们在教学实践活动中的实验案例，结合教学实际和资源状况进行改进与再创造，重点对我们现行教材中的物理实验(不仅仅是学生实验，还包括演示实验和随堂小实验)进行梳理，能用身边的废弃物品替代的，在保证实验效果的前提下，尽可能地进行替代。教师在新学期开学前初步完成这项工作，并在教学过程中不断总结完善，在此基础上，形成教学案例集。

我们用矿泉水瓶研发的实验案例有37个，如：将矿泉水瓶从中间剪开，靠瓶口一侧的剪开处用橡皮膜蒙上，瓶口对准点燃的蜡烛，敲击橡皮膜，听到声音的同时观察到烛焰颤动甚至熄灭，以此说明声音能传递能量；用两个矿泉水瓶分别装上热水和冷水，将二者靠在一起，过一会儿热水温度降低冷水温度升高，以此说明热传递可以改变物体内能；将矿泉水瓶装满水放入冰箱中，水结成冰——凝固；矿泉水瓶装一部分水，敞开瓶口，过一段时间观察到水变少了——汽化(蒸发)；将冷冻后的矿泉水瓶从冰箱拿出，发现瓶壁上有水珠——液化；观察冷冻室内的矿泉水瓶，发现瓶壁上有白色的粉末状物质——凝华；将矿泉水瓶上半部去掉，在瓶中装一些水，然后点燃蚊香，吹灭，将烟收集在矿泉水瓶中，用激光灯照射，可以清晰观察到光在烟雾与水的界面上发生的反射和折射现象；等等。

2.用身边易得的物品(如乒乓球)来进行实验

搜集老师们在教学实践活动中的实验案例，结合教学实际和资源状况进行改进与再创造，重点对我们现行教材中的物理实验(不仅仅是学生实验，还包括演示实验和随堂小实验)进行梳理，能用身边的易得物品替代的，在保证实验效果的前提下，尽可能地进行替代。

我们用乒乓球研发的实验案例有21个，如：将乒乓球分别自由下落在水平、倾斜木板上，观察乒乓球弹起的方向，以此说明压力的方向是垂直于接触面并指向受压物体;将矿泉水瓶的下部分去掉制成一个漏斗,将瓶口朝上,把乒乓球放在漏斗口处,用嘴从瓶口处吹气,发现乒乓球不掉下来,以此表明流速越大的地方压强越小。

3.对学生进行操作技能和安全教育

搜集来的身边物品有的需要加工改造才能用于实验,加工改造过程中需要一些操作技能。同时人身安全教育也是必不可少的,包括搜集时注意交通安全、器材本身是否卫生、加工过程注意劳动保护等。通过讲座向学生讲述,并在教学中不断提醒学生。

4.让学生用身边的物品做物理实验

用身边的物品做物理实验,就是要让学生学会根据每一个实验的目的搜集恰当的生活中的物品,学会将搜集到的物品适当加工改造,使之与实验目的匹配,最终“制造”出“产品”,并用之完成实验。这需要教师根据课本的章节顺序,有目的、有计划地进行。在研究的基础上,探索学生利用身边的物品做实验应遵循的基本原则,总结出学生利用身边的物品做实验的基本途径。

六、研究对象及范围

主要以我校师生及周边学校师生为研究对象。

七、研究方法及运用

(一)文献研究法

认真学习用身边物品开发初中物理实验相关著作、论文,搜集与该课题相关的教育理论、经验总结等文献资料,用理论指导自己的实践。

(二)行动研究法

在日常教学实践中发现问题并自制实验器材要从设想开始,经动手设计,最后制作定型。从发现问题到设计出合适的器材,师生的创新思维会得到培养,动手能力会得到提高,在行动中不断积累经验,边研究边实践边改进。

(三)案例研究法

案例研究法是对现实中某一复杂的和具体的现象进行深入和全面的实地考

察，是一种经验性的研究方法。在研究中我们使用了大量的实验案例，围绕案例，大家共同讨论，不断提高实验开发水平。

八、课题研究成果

经过两年的实践研究，在各级领导和专家的指导以及师生的共同努力下，课题研究取得了预期的成果。

（一）初步探索出了利用身边的物品做实验应遵循的基本原则

利用身边的物品做物理实验应遵循以下基本原则：

1.安全性

在设计实验时应该尽量避免一切有危险的和对身体有害的实验。搜集来的身边物品有的需要加工改造才能用于实验，比如把饮料瓶用刀子进行切削，把易拉罐用钉子打个洞等，要注意操作安全。同时人身安全教育是必不可少的，包括搜集时注意交通安全、注意卫生，加工过程注意劳动保护等。

2.科学性

物理实验首先应该正确反映物理现象和规律，反映物理现象变化的客观过程。一个巧妙的实验设计除了器材上的合理应用以外，还应该包含精彩的实验方法，不仅能够释疑解难，而且能够透过具体的实验给人以解决其他问题所需的智慧方法的启迪，提高学生解决实际问题的能力。

3.简易性

麦克斯韦说过："一项演示实验使用的器材越简单，学生就越熟悉，就越想彻底地获得所验证的结果。"因此，我们所设计的实验应该用材简单易寻，如乒乓球、橡皮筋、气球、鸡蛋、土豆、蜡烛、音乐卡片、铅笔芯、水杯、塑料袋、毛刷、塑料尺、硬币、易拉罐、饮料瓶、牙膏皮等。

4.直观性

实验的重要作用就是让学生用感官能够直接观察和感受具体的物理现象与实验过程。利用身边的物品做实验的优势，是可以对教材中的一些实验进行改进，如对现有仪器进行改进或改装、自制或仿制新的教具、设计新的小实验或小制作等，尽可能增加实验的可见度和可信度，提高实验的直观性。

5.创造性

利用身边的物品做实验是学生探究活动的一个有机组成部分,它的作用不仅仅是让学生了解、研究自然规律和获取信息,还可以让学生通过自主的动手、动脑,培养创造力,发展实践能力。

(二)初步总结了利用身边的物品做实验的途径

1.用学习用品开发实验

生活中可以用来做实验的物品比比皆是,学生的学习用品也可以加以考虑。课桌、文具、书本、纸张等都可以用于实验。利用这些物品做实验的好处是,这些物品学生学习时随身携带,几乎不需要搜集。

如学习“流体压强与流速的关系”时,让学生随手取出纸张进行实验:向两张纸中间吹气,观察两张纸是向外分开还是向中间靠拢。学生看到两张纸不但没有被吹开反而向中间靠拢。在此基础上分析得出结论:吹气加快了空气流动,纸张向吹气的地方靠拢,说明这个地方的压强小。因此对于流动的气体,流速大的地方压强小,流速小的地方压强大。

2.从人体体验中开发实验

新课程标准不仅重视知识与技能目标的实现,还特别强调体验性目标的达成,开发人的感官在学习活动中的体验潜能。本研究无疑是将新课程标准的教育理念转化为教育行为的一个重要而基本的途径。由于实验器材就是学生的五官和四肢,所以是非常经济、实用、有效的实验方式。如让学生面向教室的墙壁站立,双脚尽可能与墙壁靠近,用双手轻轻推墙,身体则会后退甚至会跌倒(要做好保护),这个实验使学生强烈地感受到力的作用是相互的。开发人体及其感官在学习活动中的体验潜能,带给学生最直接、最生动的亲身体验,有利于新课程标准知识与技能目标的实现,有利于体验性学习目标的达成。

3.用废旧材料开发实验

在我们的生活中,有很多废弃的物品,利用这些废旧物品来进行实验探究活动,既化废为宝,体现环保,又拉近物理与生活的距离,同时还增加了学生动手的机会,有利于培养学生的实验技能及创新能力,增强物理的亲和力。生活中的易得材料和废旧材料等,只需要有意识地搜集或进行简单的改造,就可以变为物理实验的有用器材。例如大气压是看不见、摸不着的,为了证明大气压的存在,可以取一个空的易拉罐,在里面装少量水,放在酒精灯上加热至沸腾,然后用面团迅速堵住它的开口,让学生仔细观察现象。学生听到噼噼啪啪的响声后,会看到易拉罐变瘪了。易拉罐为什么会变瘪?这是谁的作用呢?此实验器材易得,操作简单易行,演示效果好,不仅能演示大气压的存在,还能表明大气压很大。利用废弃的饮料瓶可以做几十个实验,如探究液体压强、物体的沉浮、帕斯卡裂桶实验、失重现象等。利用废旧自行车上的零件,可设计实验研究摩擦、杠杆、运动和力等。另外,利用废报纸、包装用的塑料泡沫、塑料袋也可以做很多演示实验。

4.用生活用品开发实验

在生活中,身边的物品大到电冰箱,小到缝衣针都是实验资源。通过教师巧妙设计,这些生活用品就能发挥作用,创设物理教学情境,启发学生思维,激发学生的学习主动性和积极性。如可以利用手机、蜂鸣器、暖水瓶等日常用品来演示声音的传播规律:将手机先后放在桌子上的玻璃瓶中,再将玻璃瓶悬浮在水槽(水槽可用大饮料瓶制作)中,演示声音可以在气体、固体、液体中传播。将蜂鸣器用塑料袋捆扎好,打开蜂鸣器,听到声音,说明空气可以传声。将蜂鸣器放入空的暖水瓶中,塞紧瓶塞,声音消失。老师介绍暖水瓶的结构(有真空夹层),引导学生分析得出声音在真空中不能传播。(若备一个外层损坏的瓶胆对比展示,效果会更好)

5.用食品开发实验

利用生活中的食品可以做很多物理实验,且实验材料经济易得,实验现象生动明显,能使学生感受到物理知识就存在于我们的生活中,从而激发学生的学习兴趣和求知欲。例如利用鸡蛋可以做十多个物理实验。此外,还可以用马铃薯、苹果、西红柿等做电学小实验,用冰棍演示物态变化等。

6.从魔术杂技表演中开发实验

魔术和杂技,是深受学生喜爱的艺术形式。把它们引进课堂,不仅能创设丰富的教学情境,调动学生学习的兴趣和热情,激发他们强烈的求知欲望,而且能通过揭示魔术和杂技背后丰富的物理知识,引导学生通过现象了解和掌握事物变化的原因和规律。这对提高学生应用物理知识解决实际问题的能力,培养学生的科学精神和科学态度都有积极而深远的意义。

如在讲蒸发吸热有降温作用这个知识点时,可以设计魔术“烧不坏的手帕”

来帮助学生理解。在教学中，教师先提出问题："在电影、电视节目中，演员身着熊熊大火却没被烧伤，这是什么原因？消防队员为什么披着湿棉被冲入火海救人？"接着让学生做这样一个小实验：取一块小的布手帕，一杯混合液体（酒精和水按体积比7∶3混合），把手帕浸入液体后取出，放在蜡烛上点燃。这时看到手帕燃起火焰，随后火焰逐渐熄灭，手帕却完好如初。

7.用体育用品开发实验

体育用品中的乒乓球、羽毛球、实心球、铅球等可用来开展物理实验。如用空洗发液塑料瓶（一只）、乒乓球（一个）、香烟盒铝箔纸、粘胶等自制验电球。先把乒乓球粘接在塑料瓶口，再把一张铝箔纸面向外粘贴在乒乓球上。然后剪许多条宽约4 mm的铝箔条，每条长15 cm左右，每条箔片粘贴在乒乓球上把乒乓球贴满。实验时，从手摇感应起电机上接一导线与乒乓球相连，摇动起电机，验电球上的箔条张开如球状。乒乓球还可以演示微小形变、浮力产生的原因、浮沉条件等。

（三）形成了利用身边的物品做实验的186个教学案例和20篇论文

教师要处理好传授知识与培养能力的关系，首先要对教学内容有精准的把握。两年来，我们对国内外各种版本的初中物理教材中涉及的物理实验进行梳理，重点研究本地区采用的初中物理新教材，实验中的专门仪器能用生活中的器材替代的，在保证实验效果的前提下，尽可能地进行替代。在此基础上，对每一节课形成有特色的教学设计，并针对与实验有关的课（主要是新授课），利用身边的物品精心设计出186个实验教学案例。同时，教师及时总结经验，积极撰写科研论文，共形成了20篇科研论文。

（四）使教师的研究动力得到了提升，学生创新创造和探究的兴趣更加浓厚

通过课题研究，教师对利用身边物品开发物理实验产生了兴趣，同时也将自己在课题研究中取得的经验和感悟写出来，向一些刊物投稿。到目前为止，有20篇论文被各类刊物采用。

在开展的研究活动中，结合实验问题，鼓励学生就地取材，利用身边的一些废旧物品，动脑、动手做教具。通过实践操作，学生体会到学好物理知识的好处，品尝创造发明的乐趣，学习的主动性、求知欲得到加强。通过开展这些实验，还能培养学生热爱科学的思想，开拓学生的眼界，扩大其知识面，使其学到课堂上

学不到的知识,弥补课堂教学的不足。实验中创设能引导学生主动参与的教育环境,激发了学生主动参与实验的积极性。许多学生参加科技创新大赛,目前已经有12人次获奖。

九、研究影响与效果

(一)促进了教师的发展和成长,提高了物理学科素养

通过课题的研究,教师更加重视课堂实验教学的开展,更加关注自己的教学行为,纠正了以教师为中心的教学模式,给学生自主学习和思考的机会,放手让学生实验和思考,发挥学生学习的主动性,从而提高了课堂教学的质量,获得了学生的认可,学生也取得了较好成绩。

(二)培养了学生学习物理的兴趣,促进了学生科学素养的全面提高

由于形式上的开放性和自主性,实验教学大大激发了学生的学习兴趣,继而转化为一种学习行为,学生在课堂上主动参与,踊跃发言,并敢于对别人的意见大胆提出质疑。同时多种途径的多向交流,加深了学生对知识的理解。例如,我校李莉老师上的“熔化和凝固”一课,利用本课题研究成果,极大地提高了学生的兴趣,激发了学生探索的热情和参与的积极性。该课录像参加“一师一优课”评选,获重庆市一等奖。

(三)充实了我校实验器材,促进了我校实验室建设

2017年初我校通过了“均衡教育实验室”国家级验收,利用身边物品自制的物理实验器材得到专家好评,同时也受到邻近学校的认可,比如重庆市大足区教师进修学校和四川省泸州市龙马潭区教师进修学校相继派出老师到我们学校学习和交流该课题成果。2017年5月课题主持人在江津区物理教师培训班上做了专题交流并现场展示课题组利用身边物品自制的物理实验器材。

(四)提高了教师的科研意识和科研水平

该课题的研究,使“科研兴教,科研强校”成为全课题组教师的共识,教师科研意识不断增强,人人参与科研,积极上公开课、研究课,个个撰写论文,教师的科研水平和能力不断提高。

十、经验总结

(一)潜心钻研教材

两年来,我们对国内外各种版本的初中物理教材中涉及的物理实验(学生实验、演示实验、随堂小实验等)进行梳理,重点研究本地区采用的初中物理新教材,实验中的专门仪器能用生活中的器材替代的,在保证实验效果的前提下,尽可能地进行替代。在此基础上,形成教学设计,并在教学过程中付诸实施。

(二)建立实验制度

把学生当成教育的主体,在教育教学过程中落实学生的主体地位,培养学生的主体性。初中物理每周三节课,我们要求学生提前对一周所学的内容有大致了解,对可以利用的物品提前进行准备。为此在每周一,老师安排物理科代表把该周应该学习的内容写在黑板上,实验大致需要哪些物品一并写下来,让学生课下进行准备。为调动学生参与实验的积极性,老师把每班学生划分为八个小组,小组之间开展比赛,奖优罚劣。具体方法是:实验前小组内准备物品的同学得分,没准备的不得分;实验时,积极参与实验的同学得分,否则不得分。这项工作由科代表和各小组长负责,一周一总结,形成制度。

(三)及时总结推广

实验中创设能引导学生主动参与的教育情境,激发学生参与实验的积极性。除了与每一节新课有关的实验,学生也可以有自己的“小制作”“小发明”,或者对学习过的实验内容,学生有了自己的新设想。每节课上课前的5分钟,给学生提供展示自己的舞台,教师做出总结,并拍照或制作视频上传到网上,学生可以随时上网欣赏自己的表演。器材制作较好的,可留下来,保存在实验室里,一是对学生的肯定,二来为以后的教学提供参考。对一些典型的实验案例,及时形成文字,推荐到有关刊物发表。

十一、问题与讨论

两年来,通过开展课题研究,学生的科学思想、眼界、知识面都得到了提升和拓展,学到了课堂上学不到的知识。对办学条件较差的农村中学,开展这项研究具有重要意义,不仅可以改善实验教学的条件,而且对师生实验动手能力、创新意识等的提高有很好的促进作用。由于客观条件的限制，本次参与课题研究的学生仅仅来自初二、初三年级中的四个班，相对于全校三十多个班级，参与人数还太少。而且如果有条件，在他们升入高中以后对他们进行跟踪研究，效果会更好。当然这需要更多教师的参与，需要学校做出整体的安排。

教育科研是一项严肃认真的事情，要求教师必须有很强的事业心和责任感，要有积极进取的敬业精神和不断学习的理念。但实验教师水平差异对实验效果有较大的影响。在实验过程中，部分教师由于身体条件、个人素养等原因，有时不能及时完成实验任务，导致个别阶段实验开展不够顺利。实验教师重实践轻理论，特别是缺乏把实践成果上升到理论研究的能力，致使成果较少。

初中物理教师用身边的物品开发实验的研究虽然可以改进实验，但所开发的实验绝大多数只能做定性研究，力学部分较多，电学部分较少。另外，制作工艺也有待提高。

第二节　身边物品在初中物理实验教学中的应用案例

一、机械运动

1.球体直径的测量

实验器材：乒乓球、刻度尺、方木块。

实验过程：把乒乓球放在两块方木块中间（如图5-2-1），直尺和方木块垂直，记下两木块间的距离。转动乒乓球，从不同方向再测量几次，求出平均值。

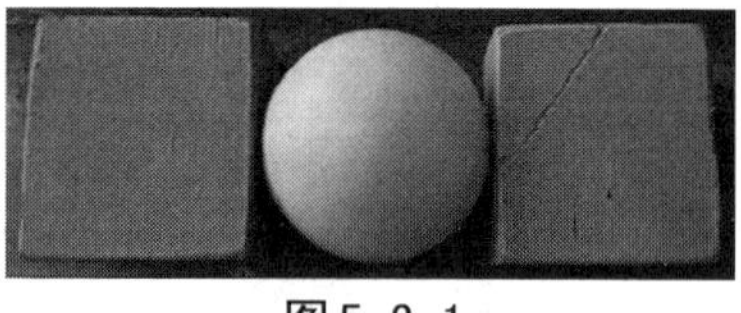

图5-2-1

2.机械运动的描述

实验器材：书。

实验过程：将书从讲台带到同学们中间，发现物体的位置发生了改变。

实验结论：物体位置的变化叫机械运动。

3.比较物体运动的快慢

实验器材：气球、钟表。

实验过程:传递气球,比一比,看哪组将气球传递得快。

改变游戏规则,要求必须将气球传完整个路程,再次比较哪组将气球传递得快。

实验结论:通过相同的时间比较路程或相同的路程比较时间来判断物体运动的快慢。

二、声现象

1.声音的产生

实验器材:乒乓球、细线、音叉。

实验过程:在乒乓球上粘一根细线,让挂在细线下的乒乓球接触正在发声的音叉,发声的音叉会迅速把乒乓球弹开,但乒乓球在重力作用下又会回落,并再次与音叉接触,发声的音叉又把乒乓球弹开。

实验结论:声音是由物体的振动产生的。

2.自制土电话

实验器材:两个纸杯、棉线、两个曲别针。

实验过程:用棉签在纸杯底部中央位置扎个洞,将杯子内侧的棉线缠绕在曲别针上,在杯子外拉紧棉线,使曲别针卡在杯子内侧底部。用同样的方法做好另一个听筒。土电话做好了,一个同学说话时,另一个同学就可以听到声音了。

实验结论:固体可以传声。

3.音调与频率的关系

实验器材:直尺。

实验过程:将直尺的一端紧压在桌面上,另一端伸出桌面,用手拨动直尺伸出桌面的一端,使之振动;缩短直尺伸出桌外的长度,再次用手拨动直尺伸出桌面的一端,可看到直尺振动变快,听到声音音调变高。

实验结论:物体振动的频率越高,音调越高。

4.响度与振幅的关系

实验器材:直尺。

实验过程:将直尺的一端紧压在桌面上,另一端伸出桌面,先用小的力往下压直尺伸出桌面的一端,让直尺离开平衡位置的距离小(即振幅小),使之振动;然后再用较大的力往下压直尺伸出桌面的一端,让直尺离开平衡位置的距离大些(即振幅大),再次使直尺振动。可以听到后一次直尺振动产生的声音大。

实验结论:物体振动的振幅越大,产生声音的响度就越大。

5. 自制打击乐器

实验器材:8个相同的玻璃饮料瓶、水。

实验过程:收集8个相同的玻璃饮料瓶,向瓶内倒入不同高度的水,按从高到低的顺序排列,然后用筷子敲击瓶子,听听各个瓶子发出的声音有什么不同。然后再改为向瓶口吹气,听听各个瓶子发出的声音又有什么不同。敲击时,瓶和水振动发声,瓶内的水越少,音调越高;吹气时,瓶内的空气振动发声,瓶内的水越多,空气越少,音调越高。

实验结论:物体振动越快,音调越高。

6. 探究影响弦乐器音调的因素

实验器材:把粗细不同、长度相同的废旧古筝弦固定在一块小木板上。(如图5-2-2)

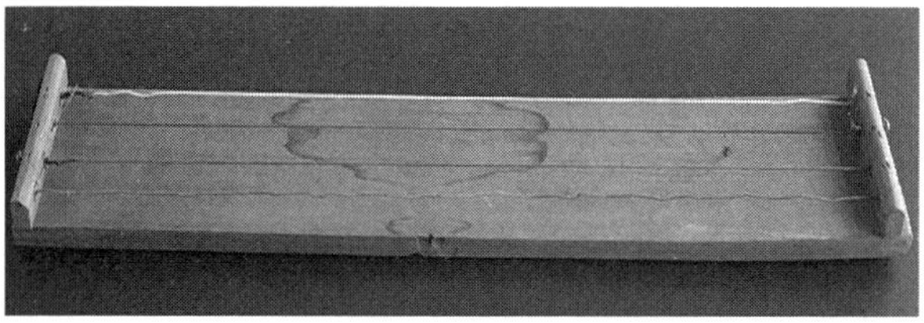

图 5-2-2

实验过程:

(1)用相同大小的力拨动几根不同的弦,根据粗细不同的弦发出的声音的音调不同来判断弦乐器的音调与弦的粗细的关系。

(2)用手按住某一根弦的不同位置,再用相同大小的力去拨动弦,根据听到的声音的音调来判断弦乐器的音调与弦的松紧及长短的关系。

实验结论:弦乐器的音调与弦的长短、粗细、松紧有关。

7. 声音传递能量(1)

实验器材:矿泉水瓶、橡皮膜、蜡烛。

实验过程:将矿泉水瓶从中间剪开,靠瓶口一侧的剪开处用橡皮膜蒙上,瓶口对准点燃的蜡烛,敲击橡皮膜,听到声音同时观察到烛焰颤动甚至熄灭。

实验结论:说明声音能传递能量。

8.声音传递能量(2)

实验器材:圆形小铁盒、塑料胶纸、旧的扩音器(小喇叭)、塑料刷子、塑料小人。

实验过程:打开扩音器放动感性较强的音乐,会看到塑料胶纸上的小人会随着音乐跳起舞来。

实验结论:说明声音能传递能量。

三、物态变化

1.热胀冷缩的性质

实验器材:熟鸡蛋、水。

实验过程:把煮熟的蛋捞起后立刻浸入冷水中冷却几分钟,再捞上来剥皮,发现比不放入冷水中直接剥要容易得多。

实验结论:物体具有热胀冷缩的性质。

2.气体的热胀冷缩

实验器材:乒乓球、热水。

实验过程:将一踩瘪的乒乓球,放在热水里,里面的气体由于温度升高,体积膨胀,会使乒乓球复原。

实验结论:气体具有热胀冷缩的性质。

3.物态变化

实验器材:矿泉水瓶、水。

实验过程:将矿泉水瓶装满水放入冰箱中,水结成冰——凝固;矿泉水瓶装一部分水,敞开瓶口,过一段时间观察到水变少了——汽化(蒸发);将冷冻后的矿泉水瓶拿出冰箱,发现瓶壁上有水珠——液化;观察冷冻室内的矿泉水瓶,发现瓶壁上有白色的粉末状物质——凝华。

实验结论:水会在三种状态之间变换。

4.液体蒸发吸热

实验器材:熟鸡蛋。

实验过程:把刚煮熟的鸡蛋从锅内捞起来,直接用手拿时,虽然比较烫,但还可以忍受。过一会儿,当蛋壳上的水干了后,用手拿感觉比刚捞上时更烫。

实验结论:液体蒸发要吸收热量。

5.纸杯烧水实验

实验器材:蜡烛、纸杯、水、打火机、铁丝。

实验过程:纸杯中加入适量的热水,用蜡烛加热。(如图5-2-3)一段时间后,水会沸腾,但纸杯却不会被烧坏。

图5-2-3

实验结论:水在沸腾时吸热,但温度却保持不变。

6.烧不坏的手绢

实验器材:手绢、玻璃杯、铁丝、酒精、火柴、水。

实验过程:

(1)将两份酒精和一份水兑在一起,将手绢放到兑了水的酒精里浸湿。

(2)将手绢从杯子里取出,稍微拧一下水,然后将手绢挂在铁丝上。

(3)用火柴将手绢点燃,燃烧后的手绢完好无损。

实验结论:在酒精燃烧的过程中,有一部分水变成水蒸气汽化了,这些汽化的水汽带走了手绢上的一部分热量,从而降低了手绢的温度。

7.碘的升华和凝华现象

实验器材:锥形瓶、碘、酒精灯。

实验过程:锥形瓶中加入固态的碘,塞住瓶口,用酒精灯对瓶底加热。瓶内产生大量紫色气体,没有出现液态的碘,碘从固态直接升华成了气态。停止加热,瓶内的紫色气体渐渐消退,最后消失,瓶身和瓶塞底部出现晶体颗粒,没有出现液态的碘,碘从气态直接凝华成了固态。

实验结论:物质从固态直接变为气态的过程叫升华;物质从气态直接变为固态的过程叫凝华。

四、光现象

1.光沿直线传播

实验器材:激光笔、蚊香、硫酸铜溶液、玻璃罩。

实验过程:在玻璃罩(其他透明容器也行)的底部点一盘蚊香,等玻璃罩中充满烟雾后,用激光笔照射,可清楚地看到在烟雾中有一条红色的光线。演示光在液体中沿直线传播时,也可以采用蓝色的硫酸铜溶液,这样当用激光笔照射时,就可以在液体中清楚地看到一条红色的光线。

实验结论:光是沿直线传播的。

2.光直线传播的条件

实验器材:铅笔、光源。

实验过程:将铅笔对着光源,后面会出现铅笔的影子。

实验结论:光在均匀介质中沿直线传播。

3.观察小孔成像

实验器材:削得很尖的铅笔、硬纸片、蜡烛、火柴。

实验步骤:

(1)用一支削得很尖的铅笔,在一张硬纸片的中心部分扎一个直径约3 mm的小孔。

(2)拉上窗帘,使室内的光线变暗。

(3)用火柴把蜡烛点燃,放在靠近墙面的地方。

(4)把做好的小孔放在蜡烛和墙面之间。这样,在墙面上看到一个倒立的烛焰的像。

(5)前后移动小孔,瞧瞧烛焰的像有什么变化。改变小孔的大小,再来观察烛焰的像有哪些变化。

实验结论:小孔成像是利用光的直线传播形成的。

4.小孔成像的应用——自制针孔眼镜

实验器材:两个直径30~40 mm的软塑料瓶盖、大头针、打火机。

实验步骤:

(1)用打火机把大头针烧红,在两个瓶盖中间各扎一个小孔(直径约1 mm)。

(2)在两个瓶盖两侧各扎两个小孔,用线穿起来就是一副眼镜。

(3)戴上这副眼镜,便能看清楚周围的一切。奇怪的是,不管是300度、500度的近视眼,还是远视眼,戴上它都能看清楚物体。

实验结论:运用了小孔成像原理。当光线通过小孔后,不管光屏远近,成像总是清晰的。人眼睛的视网膜,就好比是个光屏,一般情况下近视眼的人,成像在“光屏”之前;远视眼的人,成像在“光屏”之后。成像不在“光屏”上,所以看不清楚。加了小孔之后，不管近视、远视，都能在视网膜上成像了，所以看得清楚了。

5.观察光的反射(1)

实验器材：矿泉水瓶、蚊香、激光笔。

实验过程：将矿泉水瓶上半部去掉，在瓶中装一些水，然后点燃蚊香，将烟收集入矿泉水瓶中，用激光灯照射，可以清晰观察到光在烟雾与水的交界面上发生的反射现象(同时可观察到折射现象)。

实验结论：光在介质表面会发生反射现象。

6.观察光的反射(2)

实验器材：平面镜。

实验过程：选择一个晴天的中午，手拿平面镜，镜面对着太阳，调节镜面，在镜面所指的墙面上便出现了一个亮斑。

实验结论：光通过平面镜反射时，反射角等于入射角。

7.观察平面镜成像

实验器材：两支相同的蜡烛、玻璃、烧杯。

实验过程：把一块玻璃立在桌子上。在玻璃的前方放一支点燃的蜡烛，在玻璃的后面，放一个烧杯，烧杯内放一支和玻璃前完全相同的蜡烛，移动烧杯，直到两支蜡烛重合，然后向烧杯中倒水，发现烧杯中的蜡烛“不会熄灭”。(如图5-2-4)

图5-2-4

实验结论：平面镜所成的像是虚像。

8.平面镜成像的应用——潜望镜

实验器材：两块平面镜、硬纸板若干制成的潜望镜模型。

实验过程：从下面观察，可以看到下面本来看不到的上面的物体。

实验结论：潜望镜的制造原理利用了光的反射，从而改变了光的传播方向。

9.平面镜成像的拓展——平、凸、凹面镜演示仪

实验器材：木板、圆形的平面镜、圆形的凸面镜、圆形的凹面镜、蜡烛。

实验过程：把一支点燃的蜡烛先后放在平面镜、凸面镜和凹面镜的前面，让

学生观察所成的像是不同的，平面镜成的是正立等大的像，凸面镜成的是正立缩小的像，而凹面镜成的是倒立的像。

实验结论：不同的面镜所成的像是不同的。

10.观察光的折射(1)

实验器材：玻璃杯、水、铅笔。

实验过程：将铅笔插在空玻璃杯中，然后向杯中注入水，铅笔浸没在水中部分好像向上弯折。

实验结论：这是光的折射所造成的。

11.观察光的折射(2)

实验器材：矿泉水瓶、蚊香、激光笔。

实验过程：将矿泉水瓶上半部去掉，在瓶中装一些水，然后点燃蚊香，将烟收集入矿泉水瓶中，用激光笔照射，可以清晰观察到光在烟雾与水的交界面上发生的折射现象(同时可观察到反射现象)。

实验结论：光发生折射。

12.观察光的折射(3)

实验器材：碗、水、硬币(筷子也可)。

实验过程：把硬币放入碗内，慢慢向碗内注入水，观察到硬币仿佛浮起来了。

实验结论：当硬币放在空碗中时，硬币反射的光线在空气中沿直线射入人的眼里，看到了硬币。

当碗内注满水时，光经折射后进入人眼，我们看到的像是硬笔的虚像，在硬币的上方，因此会感觉硬币好像浮起来似的。

13.观察光的折射(4)

实验器材：空玻璃瓶、肥皂水、激光笔。

实验过程：把肥皂水加入到空的玻璃瓶中，然后打开激光笔让光线斜射入玻璃瓶内的水中，观察光路，即可发现光的折射现象。

实验结论：光发生折射。

14.观察光的色散(1)

实验器材：浇花的喷壶、清水。

实验过程：找一晴天，用家里浇花的水壶(必须能喷出雾状的水雾)，背对太阳朝45°角左右喷水，就会在空中出现美丽的彩虹。

实验结论：太阳光由七种颜色的光组成。

15.观察光的色散(2)

实验器材：矿泉水瓶、水。

实验过程：用矿泉水瓶装半瓶水后，将矿泉水瓶横放透过阳光，可看见白光被分解成七色光。

实验结论：太阳光由七种颜色的光混合而成。

16.观察光的色散(3)

实验器材：手电筒、长方形托盘、镜子、白纸、水。

实验过程：

(1)在长方形托盘中倒入一些水，注意水要适量，否则会影响实验，然后把镜子斜靠在长方形托盘的左边。

(2)打开手电筒，让手电筒的光照在镜子浸在水中的部分。

(3)把白纸放在镜子的前面，让它接住被镜子反射回来的光。

(4)观察一下白纸，你会惊喜地发现，纸面上慢慢出现了一道美丽的彩虹。

实验结论：手电筒的白光，其实是由七种不同颜色的光组成的。镜子把手电筒的光反射在了长方形托盘中的水面上，光在穿过水层时就会发生折射。由于组成白色光的各种色光在折射后所形成的角度各不相同，所以，它们会在不同的位置射出水面，最后投在白纸上，从而形成彩虹。

五、透镜及其应用

1.演示凸透镜实验

实验器材：一瓶矿泉水。

实验过程：

(1)用一瓶矿泉水对着太阳光，可以在地面上得到细细的亮条，说明凸透镜对光有会聚作用。

(2)用手握住一瓶矿泉水，隔着瓶子观察自己的手指，可以看到放大了的手指虚像。

实验结论：凸透镜对光线有会聚作用。

2.演示凹透镜实验

实验器材:近视眼镜、课本。

实验过程:我们的近视眼镜镜片就是凹透镜,通过近视眼镜镜片观察课本上的字,不论怎样调节距离,只会看到正立变小的字。

实验结论:说明凹透镜能成正立缩小的虚像。

3.水制放大镜

实验器材:水、保鲜膜、大碗、彩色珠子。

实验过程:

(1)把彩色珠子放入碗中,用保鲜膜封住碗。

(2)用手轻轻把碗口上面的保鲜膜向下按一些,使保鲜膜成倒锥形。

(3)将水倒在保鲜膜上,通过水看碗中的物体,观察彩色珠子与平时有什么不同。

实验结论:碗里的物品看起来大了不少,这是因为保鲜膜上的水形似凸透镜,相当于一个放大镜。

六、质量与密度

1.质量的概念

实验器材:铁钉、铁锤、物理书、作业本。

实验过程:展示以上物品,让学生思考以下问题。铁钉和铁锤,它们的组成物质是什么?物理书和作业本的组成物质是什么?它们所含的物质分别是多少?有什么不同?

实验结论:物体所含物质的多少叫质量。

2.质量是物质的一种属性

实验器材:矿泉水瓶、书、水。

实验过程:

(1)将书卷起来,书的形状改变了,质量不变。

(2)将书或矿泉水瓶从讲台拿到同学们中间,位置改变了,质量不变。

(3)将矿泉水瓶中的水冻成冰,用天平测量它的质量,发现质量不变。

实验结论:质量是物质的一种属性,与其形状、位置、状态无关。

3.空气的质量

实验器材:天平、两只一样重的气球、打气筒。

实验过程:

(1)把两只气球分别放在天平的两端,天平保持平衡。

(2)拿起一只气球,给气球打气并将气球口系紧。

(3)将打了气的气球放到天平的一端,没打气的气球放到天平的另一端,观察天平的变化。

实验结论:空气也有质量。

七、力

1.力可以改变物体的形状

实验器材:书、空矿泉水瓶、铅笔。

实验过程:

(1)用手卷书,观察书的形状发生了变化。

(2)用力挤压空矿泉水瓶,发现矿泉水瓶的形状发生了改变。

(3)两手用力折铅笔,铅笔被折为两段。

实验结论:力可以改变物体的形状。

2.力的作用是相互的

实验器材:桌子、气球、夹子、细绳、吸管、胶布。

实验过程:

(1)用手用力拍桌面,手对桌面施加了什么力？手又为什么感到痛？

(2)将气球吹大并用夹子夹紧,用细绳穿过吸管,再用胶布将气球固定在吸管上,将绳子两端拉直,松开夹子,在气流的作用下,气球会飞奔而去。

实验结论:力的作用是相互的。

3.力的三要素会影响力的作用效果

实验器材:矿泉水瓶、直尺、书。

实验过程:

(1)分别将大小、方向、作用点不同的力作用在矿泉水瓶上,观察矿泉水瓶的变化。

(2)将直尺的两端分别搁在两本书上,用手压直尺的中央,直尺被压弯而发生了形变。在相同的条件下,力越大,形变量越大,力的作用效果越明显。

实验结论:说明力的三要素会影响力的作用效果。

4.物体的弹性

实验器材:弹簧、签字笔笔芯。

实验过程:用力压签字笔笔芯或弹簧,发现签字笔笔芯或弹簧发生形变,撤去外力,笔芯或弹簧恢复形状。

实验结论:物体存在弹性。

5.物体受到重力作用

实验器材:粉笔头、小石头。

实验过程:将粉笔头或小石头扔出去,可观察到粉笔头或小石头总是落回地面。

实验结论:地面附近的物体都要受到重力的作用。

6.重力的方向总是竖直向下

实验器材:小铁块、细线、铁架台。

实验过程:用细线拴住小铁块,悬挂在铁架台上,观察细线静止时所在的方向。

实验结论:重力的方向总是竖直向下。

7.物体的重心

实验器材:直尺。

实验过程:用手指头支起直尺,使之平稳地静止在你的手指头上,则与你手指头接触的部位近似是直尺的重心。

实验结论:形状规则、质地均匀的物体的重心在它的几何中心。

八、运动和力

1.物体的惯性

实验器材:棋子、直尺、纸条、钩码、小车、矿泉水瓶。

实验过程:

(1)在桌子上叠放一堆棋子,用直尺快速打出底部的棋子,底部的棋子被击出,上面的棋子落回原处。

(2)在桌面上铺上纸条,将钩码压在纸条上,然后快速地抽出纸条,观察到钩码仍然在桌面上。

(3)将矿泉水瓶扔出去,瓶离开手后仍能继续向前运动一段距离。将矿泉水瓶装满水横置于小车上,当小车由静止向前运动时,瓶相对于车向后滚动;当小车由运动变为静止时,瓶相对于车向前滚动。

实验结论:物体具有惯性。

2.物体的惯性与质量有关

实验器材:矿泉水瓶、水。

实验过程:将矿泉水瓶横放在水平桌面上,向它的侧面吹气,它会很容易被吹得滚动起来。当将瓶装满水再用同样的力吹它时,它却不容易被吹动。让它们以同样的速度滚动起来,装满水的瓶子滚动得较远。

实验结论:质量大的物体的惯性大。

3.运动与力的关系

实验器材:斜面、小车、毛巾、棉布。

实验过程:在水平桌面上放一斜面,用小车做实验,并用毛巾、棉布等改变水平桌面的粗糙程度。

实验结论:小车受到的阻力越小,速度减小得越慢。

4.用小卡片探究二力平衡的条件

实验器材:小卡片、滑轮、钩码、细线。

实验过程:

(1)研究两个力的大小和方向对物体平衡的影响:将系于小卡片两对角的细线分别跨过左、右两个滑轮后,在两线端挂上钩码,观察小卡片运动状态的变化。

(2)研究不在同一直线上的两个力对物体平衡的影响:把小卡片转过一个角度,然后再松手,观察小卡片运动状态的变化。

实验结论:二力平衡的条件是大小相等、方向相反,在同一直线上。

5.空中跳动的乒乓球

实验器材:乒乓球、吹风机。

实验过程:

(1)用一只手握住吹风机,另一只手将球放在吹风机的上方。

(2)开动冷风吹乒乓球。

实验结论：吹风机朝上对着乒乓球吹，由于力的平衡作用，乒乓球会浮在空中跳动。

6.静摩擦力

实验器材：玻璃杯、大米、水、筷子。

实验过程：在玻璃杯中装满大米，把筷子插在中间，将米压紧，再往里加少量水，等一会儿，提起筷子时可以将装满米的玻璃杯一同提起来。

实验结论：筷子和米之间有静摩擦力。

7.摩擦力的方向

实验器材：长毛刷子。

实验过程：将长毛刷子毛朝下放在课桌上，用力推动或拉动刷子，观察刷毛弯曲的方向与刷子运动方向有什么关系。

实验结论：滑动摩擦力的方向与物体相对运动的方向相反。

8.滑动摩擦力与压力大小的关系

实验器材：直尺、课本。

实验过程：将直尺置于水平桌面上，再将课本放在直尺上，然后一手压课本，另一手抽动直尺。当手压课本的力变大时，抽动直尺的力也随之变大。

实验结论：接触面粗糙程度相同时，压力越大，滑动摩擦力越大。

9.摩擦力与接触面光滑程度的关系

实验器材：饮料瓶、水、洗洁剂。

实验过程：先把一个容量为2.5 L的饮料瓶里装满水，旋紧瓶盖，然后让一位力气小的女生手握饮料瓶，将其举高，女生轻而易举完成。接着在饮料瓶外表面涂上洗洁精，再请一位力气大的男生重复女生的动作，他使出全身力气，结果也没有把饮料瓶举起来。

实验结论：压力相同时，接触面越光滑，摩擦力越小。

10.演示滚动摩擦力比滑动摩擦力小

实验器材：木块、弹簧测力计、签字笔笔芯、矿泉水瓶。

实验过程：

(1)用弹簧测力计拉着一木块在水平桌面上匀速直线前进时，弹簧测力计的示数即为木块所受滑动摩擦力的大小。若将木块放在多个签字笔笔芯上重做上述实验,发现弹簧测力计示数变小。

(2)将空矿泉水瓶平放在水平桌面上,用力吹它的侧面,它会滚动;将空矿泉水瓶正立在桌面上,用同样的力吹它的底部,它却不容易滑动。

实验结论:压力相同时,滚动摩擦力比滑动摩擦力小得多。

九、压强

1.探究压力的作用效果与什么因素有关

实验器材:矿泉水瓶。

实验过程:将矿泉水瓶的瓶盖取下,用双手的手掌按压瓶的两端,用力越大手感觉越疼,说明压力的作用效果与压力的大小有关;并且按压时发现瓶口那端的手感觉更疼,说明压力的作用效果与受力面积有关。

实验结论:压力的作用效果与压力、受力面积有关。

2.验证压力的作用效果与压力和受力面积的关系

实验器材:水槽、河沙、小玻璃杯、环形磁铁。

实验过程:

(1)将小玻璃杯口朝下放在河沙上,观察杯口陷入河沙的深度。

(2)将环形磁铁放在小玻璃杯的杯底,再观察杯口陷入河沙的深度。

(3)将玻璃杯口朝上放置,将环形磁铁放在小玻璃杯的杯口,观察小玻璃杯的杯底陷入河沙的深度。

(4)分别比较(1)(2)两次实验杯口陷入的深度和(2)(3)两次实验杯口与杯底陷入的深度。

实验结论:受力面积相同时,压力越大效果越明显;压力相同时,受力面积越小效果越明显。

3.压强的大小

实验器材:煮熟的鸡蛋、一端削好的铅笔。

实验过程:

(1)用手捏鸡蛋,由于鸡蛋表面各处受力均匀,受到的压强较小,鸡蛋难以被捏破。可是如果我们用同一只手捏两个鸡蛋,由于鸡蛋与鸡蛋之间接触面积小,受到的压强大,很容易被捏破。

(2)用大拇指和食指拿着一端削好的短铅笔,发现铅笔尖对着的手指比较疼,这说明压力相同时受力面积越小,压强越大。用较大的力时手指更疼,说明受力面积相同时,压力越大压强越大。

实验结论:压强的大小与压力的大小和受力面积的大小有关。

4.探究压力的方向

实验器材:木板、乒乓球。

实验过程:

(1)木板水平放置,让乒乓球自由下落在木板上,观察乒乓球弹起的方向(竖直向上)。

(2)木板倾斜放置,再次让乒乓球自由下落在木板上,观察乒乓球弹起的方向(近乎垂直于木板)。

实验总结:压力的方向垂直于受压物体。

5.压力和重力的区别

实验器材:薄钢尺、小木板、重物块。

实验过程:重物块放在水平放置的薄钢尺上,钢尺被压弯程度较大;同一重物块放在倾斜放置的钢尺上,钢尺被压弯程度较小(逐步增大倾角)。对比钢尺被压弯程度,得出压力与重力的区别。

实验结论:压力的方向垂直于接触面,重力的方向竖直向下。

6.液体压强与深度的关系(1)

实验器材:矿泉水瓶、水、橡皮膜。

实验过程:切去矿泉水瓶的底,在瓶底蒙上橡皮膜,矿泉水瓶装适量的水后,观察橡皮膜凸出程度。水越深,橡皮膜凸出程度越大。

实验结论:说明液体内部的压强与液体的深度有关,深度越深,压强越大。

7.液体压强与深度的关系(2)

实验器材:装牛奶的矩形纸盒、胶带、钉子、平盘、水。

实验过程:

(1)放好牛奶盒,用钉子在任意一个侧面戳三个孔。三个孔的位置分别是底部、中部和上部。

(2)用胶带把三个孔封住。

(3)在纸盒中加满水。

(4)把平盘放在有孔的侧面的下方,将胶布撕开。观察三个孔喷出的水有什么不同。

实验发现,从底部流出的水喷射得最远,其次是中部的水,喷得最近的是从顶部喷出的水。

实验结论:液体内部的压强与液体的深度有关,深度越深,压强越大。

8.液体压强与液体密度的关系

实验器材:矿泉水瓶、玻璃水槽、酱油。

实验过程:在矿泉水瓶侧壁上开两个小孔,小孔用透明胶粘好,瓶内加入一定质量的酱油。把矿泉水瓶放入盛有水的玻璃水槽中,当瓶内液面、外液面相平时,撕开透明胶,可看见酱油从两小孔喷出。

实验结论:液体内部深度相同,液体的密度越大,压强越大。

9.连通器

实验器材:玻璃管、胶管。

实验过程:用玻璃管和胶管自制连通器,移动其中一个玻璃管,使它升高、降低、倾斜,观察水静止时有什么特点。

实验结论:液体不流动时,两侧受到的压力相等,压强也相等,两侧液面的高度相同。

10.液体压强的应用——帕斯卡原理演示仪

实验器材:木板、塑料针筒(一大一小)、胶管、红墨水。

实验过程:制成如图5-2-5所示的帕斯卡原理演示仪。用力推大针筒的活塞,会观察到小针筒的液体会自动推动其小活塞往上运动;反之亦然。

实验结论:密闭容器中的液体,其压强可以(大小不变地)向各个方向传递,这就是帕斯卡原理。

图5-2-5

11.帕斯卡裂桶实验

实验器材:塑料瓶、刀、橡皮筋、漏斗、吸管、橡皮泥。

实验过程:

(1)拿一塑料瓶,在其侧壁用刀平行于侧壁划几条刀痕(要将侧壁划透),再用橡皮筋将这个塑料瓶在刀痕处拦腰箍紧。在塑料瓶盖上穿入一段吸管,用橡皮泥密封。

(2)取一漏斗与吸管相接。

(3)手持漏斗与瓶口平齐,然后往漏斗内注水,至塑料瓶和漏斗装满水为止,此时塑料瓶的刀痕处不出水。将漏斗举高,刀痕处有水流出来。

实验结论:一个容器里的液体,对容器底部(或侧壁)产生的压力,可以远大于液体自身受到的重力。

12.圆台形容器底部受到的压力和重力的关系

实验器材:铁架台、锥形漏斗、注射器、电子秤、保鲜膜。

实验过程:

(1)先将保鲜膜覆盖在锥形漏斗口,将锥形漏斗倒置来代替圆台形容器。将漏斗固定在铁架台上,调节高度,让漏斗口尽量靠近电子秤,但不接触电子秤,此时漏斗底部所受的压力大小即可由电子秤显示出来。

(2)用注射器吸入一部分液体,用电子秤称质量,算出液体受到的重力。

(3)将注射器中的液体缓慢加入漏斗,观察此时电子秤的示数,算出锥形漏斗底部受到的压力。

实验结论:圆台形容器底部受到液体的压力大于液体的重力。

13.验证大气压的存在(1)

实验器材:玻璃杯、硬纸片、水。

实验过程:取一玻璃杯用硬纸片把杯口盖严,手按住纸片把杯子倒置,放开手后,硬纸片立即下落。若在杯内盛满水后再用硬纸片把杯口盖严,手按住纸片将杯子倒置,放开手后,纸片不下落,水也不流出。

实验结论:证明了大气压的存在。

14.验证大气压的存在(2)

实验器材:吹鼓起来的气球、纸、火柴、空玻璃杯。

实验过程:把燃烧的纸放入空玻璃杯底,并迅速取出,同时将气球放到空玻璃杯口,会发现气球被玻璃杯吸住了。

实验结论:证明了大气压的存在。

15.验证大气压的存在(3)

实验器材:水杯、温开水、矿泉水瓶。

实验过程:

(1)将温开水倒入瓶子,用手摸摸瓶子,感觉到热。

(2)把瓶子中的温开水倒出来,并迅速盖紧瓶盖。

(3)观察瓶子慢慢变瘪了。

实验结论:证明了大气压的存在。

16.验证大气压的存在(4)

实验器材:熟鸡蛋、细口瓶、纸、火柴。

实验过程:

(1)剥去熟鸡蛋的蛋壳。

(2)将纸片撕成长条状。

(3)将纸条点燃后放到瓶子中。

(4)等火一熄,立刻把鸡蛋竖着放到瓶口,并立即将手移开,会看到鸡蛋被瓶口紧紧吸住甚至被吸入瓶子。

实验结论:证明了大气压的存在。

17.流体压强与流体速度的关系

实验器材:纸杯、矿泉水瓶、乒乓球、玻璃漏斗。

实验过程:

(1)将两个纸杯杯口向上叠套起来,用手握住外面的纸杯,在靠近杯口的上方平行于杯口方向用力吹气。里面的纸杯将向上跳起。

(2)玻璃漏斗口朝下,将乒乓球置于颈处释放,球会掉下;若从上端吹气,则球贴在颈处不会掉下。

实验结论:证明流速越大压强越小。

18.冲不走的乒乓球

实验器材:乒乓球、洗脸盆。

实验过程：

(1)拿一个大洗脸盆，放在自来水龙头底下，打开水龙头，先放进半盆水。

(2)然后取一个乒乓球放在水流落点处，只见乒乓球被牢牢“禁闭”在水流里，好像被吸住了，无论你把水开多大，都不会把它“赶出来”。

实验结论：贴近乒乓球的水流速度大，压强小，外层的水流速小，压强大，而且四周的压力基本相等，所以它只能在水里不断翻滚，却无法“逃脱”。说明流速越大压强越小。

19.会跳远的乒乓球

实验器材：高脚杯、乒乓球。

实验过程：

(1)把两个高脚杯并排放置。

(2)将乒乓球放在第一个杯子中。

(3)从不同角度吹气，看看乒乓球有什么状况：对着球的侧面吹气，对着球的上方吹气。

实验结论：向球的侧面吹气，乒乓球不容易跳到第二个杯子里去(或跳出来)；向球的上方吹气，上方压强变小，乒乓球会浮起来，继续吹，就跳入第二个杯子里了。

十、浮力

1.浮力的方向

实验器材：矿泉水瓶、水、乒乓球、细红线。

实验过程：将细红线两端分别固定在乒乓球和矿泉水瓶的底部。将水慢慢注入矿泉水瓶，直到乒乓球被淹没，观察红线，发现红线在竖直方向被拉直。然后，使矿泉水瓶倾斜，观察红线，红线仍旧在竖直方向上被拉直。

实验结论：浮力的方向总是竖直向上。

2.浮力产生的原因

实验器材：塑料可乐瓶、乒乓球、水。

实验过程：将一个塑料可乐瓶剪去底部，倒置。把一个乒乓球放在瓶内，从上面倒入水，观察到有少量水从乒乓球与瓶颈缝隙中流出，但乒乓球并不上浮，直到水倒满后，乒乓球还沉在水底没有浮起来。然后用手堵住瓶口，使水慢慢流下并注满乒乓球的下部空间，观察到乒乓球上浮。

实验结论：浸在液体中的物体要受到竖直向上的浮力。

3.验证阿基米德原理

实验器材：铁架台及其附件、弹簧测力计、溢水杯、金属块、粗铁丝、小杯。

实验过程：把弹簧测力计上端固定在铁架台上。用粗铁丝做一个框，上端悬吊一个金属块，下端放一小杯。在金属块的下方，有一个溢水杯，溢水杯放置在铁架台上，溢水杯跟金属块、粗铁丝都不接触。这时，测力计的读数表示金属块、铁丝框和小杯的总重力。在溢水杯中倒水，使杯中水面恰好平齐溢水口。平稳地抬高溢水杯支架，使金属块浸入水中，由于水对金属块有浮力，导致弹簧测力计示数减小，测力计示数减小的数值就等于浮力的大小。但从溢水杯中排开的水流进了铁丝框上的小杯中，小杯中的水又导致测力计示数增加，增加的示数就等于小杯中水的重力。实验结果表明，最终测力计的示数既没有增加，也没有减小，说明金属块所受到的浮力大小跟小杯中水的重力相等，而小杯中的水就是金属块排开的水。不管溢水杯抬高到哪个位置，测力计示数都不变。

实验结论：说明金属块浸在水中所受的浮力，总等于它排开水的重力，验证了阿基米德原理。

4.探究浮力大小与排开液体所受重力的关系

实验器材：天平及砝码、细线、石头、溢水杯、弹簧测力计、盛水桶、水、盐水。

实验过程：用弹簧测力计测出石头的重力。将石头浸没于装满水的溢水杯中，用弹簧测力计测出溢出水的重力，并进行比较。换用盐水，重复以上步骤。

实验结论：物体所受浮力等于它排开液体所受的重力。

5.浮沉现象

实验器材：玻璃杯、鸡蛋、水、食盐。

实验过程：把一个鸡蛋放入装有清水的玻璃杯中，鸡蛋缓缓沉入杯底；逐渐向水中加入食盐，边加边搅拌，鸡蛋会悬浮在水中；随着加入食盐的增多，鸡蛋会慢慢浮出水面。

实验结论：当液体的密度小于物体密度时，物体沉入容器底；当液体的密度等于物体密度时，物体悬浮；当液体的密度大于物体密度时，物体上浮，最后漂浮。

6. 自制潜水艇

实验器材：试管（含橡胶塞）、注射器、大玻璃水槽、软管、细铁丝。

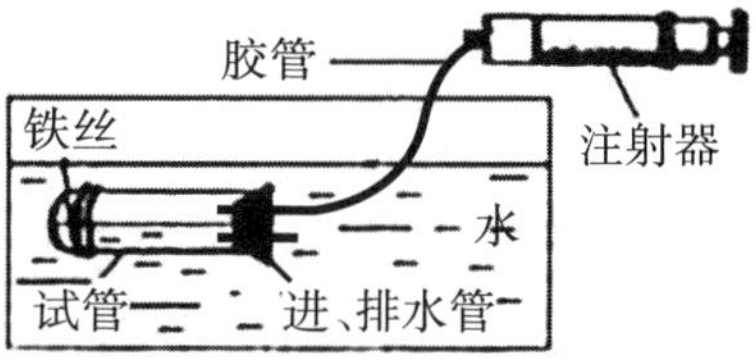

图 5-2-6

实验过程：用一个钻了两个小孔的橡皮塞塞紧试管。在两个小孔中各插一根短玻璃管，并在玻璃管上分别接上软管。其中一根软管稍长，跟注射器相连，另一根软管稍短，只要试管口能浸没在水面以下即可，如图 5-2-6 所示。为使试管能水平浮在水面，可在试管尾部上绕几圈铁丝作为配重，使它平衡。

演示时将试管放入大玻璃水槽中，让它水平浮于水面。用注射器从试管中抽气，试管里的水就增多；往试管里压气，试管里的水减少。控制进入试管里的水量，就可以使试管在水中下沉、上浮或悬浮。

本实验中，试管相当于潜水艇的水箱。用注射器往试管里压气，相当于潜水艇通过压缩空气排出水箱中的水，以此模拟潜水艇的浮沉过程。

实验结论：潜水艇可以通过改变自身的重力实现上浮和下沉。

7. 自制简易密度计

实验器材：玻璃管（圆木棍或铅笔）、细金属丝、较深的盛水容器、不同密度的液体。

实验过程：把玻璃管下端用蜡封住，并在最下端缠上一段金属丝，使玻璃管能竖直地浮在水中。如果没有玻璃管，可以用圆木棍或者铅笔代替，通过在最下端固定一个小金属物体使其竖直漂浮在水中。静止时，在玻璃管（圆木棍或铅笔）上用记号笔标出水面的位置，这就是水的密度刻度。换用其他密度的液体，用上述方法在玻璃管（圆木棍或铅笔）上标出相应的密度刻度。

实验结论：验证了密度计原理。

8. 水球的“泳姿”

实验器材：透明玻璃杯、小气球、冷水、热水、细绳。

实验过程：将小气球灌上水，用细绳系紧。把“水球”放在冷水杯子里，“水球”浮在冷水里。把“水球”放在热水杯子里，“水球”沉在水底。

实验结论：冷水和热水的密度不同，冷水的密度比热水的密度大，所以水球在热水中会下沉，在冷水里会浮起来。

9.水中悬蛋

实验器材:玻璃杯、水、食盐、蓝墨水、筷子、鸡蛋。

实验过程:

(1)在玻璃杯里放三分之一的水,加上食盐,直至不能溶化为止。

(2)用另一个杯子盛满清水,滴入一两滴蓝墨水,把水染蓝。

(3)取一根筷子,沿着筷子,小心地把杯中的蓝色水慢慢倒入玻璃杯中。

(4)玻璃杯里下部为无色的浓盐水,上部是蓝色的清水。

(5)动作轻而慢地把一个鸡蛋放入水里,它沉入蓝色清水里,却浮在无色的盐水上,悬停在两层水的分界处。

实验结论:生鸡蛋的密度比水的大,所以会下沉,比盐水的密度小,所以会漂浮。

十一、功和机械能

1.做功的两个必要因素

实验器材:小车、水桶、斜面。

实验过程:推动小车在水平面上运动一段距离。推动小车在斜面上运动一段距离。用手将地面上的水桶提起来。讨论它们有什么共同特点。

实验结论:做功的两个必要因素是有力作用在物体上和物体在力的方向上移动了距离。

2.比较物体做功的快慢

实验器材:钟表。

实验过程:上课前找四个学生分成两组,一组两个学生的体重一样,要求他们从一楼以不同的速度跑到四楼,记下所用的时间。一组两个学生的体重不一样,要求他们以相同的速度从一楼跑到四楼,记下所用的时间。

实验结论:用功与做功所用时间的比值来表示做功的快慢。

3.探究动能与速度、质量的关系

实验器材:自制金属滑槽、金属球(质量不同的两个)、木块。

实验过程:

(1)将金属球从金属滑槽不同高度滑下,观察木块被推动的距离。

(2)将两个金属球从金属滑槽同一高度滑下,观察木块被推动的距离。

实验结论:动能的大小与速度、质量的大小有关。

4.探究重力势能的大小与什么因素有关

实验器材：带有四个铁钉的小方桌、沙箱及质量不同的重物。

实验过程：

(1)小方桌放在沙箱上，将质量不同的重物从同一高度下落到方桌上，观察铁钉在沙中下陷的深度。

(2)将质量相同的重物从不同高度下落，观察铁钉在沙中下陷的深度。

实验结论：重力势能的大小与质量、高度有关。

5.动能和势能

实验器材：木板、四根小塑料管切割成轨道、两根弹簧(制成如图5-2-7所示演示仪)、小钢珠、小塑料珠、小木块。

实验过程：

(1)让两个质量相同的钢球分别从不同的高度由静止开始释放，发现高度越高的钢球对应的木块被撞得更远。

(2)让质量不同的钢球和塑料球分别从同一高度处释放，发现质量大的钢球把木块撞得更远。

(3)用两个小木块分别挤压两根相同的弹簧，一个形变大，一个形变小，静止释放，观察小木块运动距离。

图5-2-7

实验结论：质量相同的物体，运动速度越大的动能越大；运动速度相同的物体，质量越大的动能越大；物体的弹性形变越大，具有的弹性势能就越大。

十二、简单机械

探究影响杠杆平衡的因素

实验器材：一元的硬币(5枚)、铅笔、刻度尺。

实验过程：将刻度尺中点放在铅笔上，刻度尺平衡。在刻度尺的左端适当位置放上1枚硬币(硬币的直径与刻度尺的刻度线重合)，读出硬币到铅笔中心的距离；在刻度尺的右端放2枚硬币，调整它们的位置直到刻度尺在水平位置平衡，读出此时硬币(2枚)的直径离铅笔中心的距离。多次调整左右两端硬币的个数及位置，重做实验。

实验结论:影响杠杆平衡的因素是力和力臂。

十三、内能

1.分子之间存在着空隙

实验器材:100 mL试管(2支)、染色红酒精(50 mL)、水(50 mL)。

实验过程:把50 mL的酒精倒入装有50 mL水的试管里,堵住试管口,把试管倒置几次。开始时试管中一半红色酒精一半水,倒置几次后形成颜色均匀的混合液,混合液的总体积不到100 mL。

实验结论:分子之间确实存在着空隙。

2.分子热运动与温度的关系

实验器材:玻璃杯(2个)、红色墨水。

实验过程:将2个玻璃杯分别装入等体积的热水和冷水,同时在两杯水中各滴一滴墨水,热水很快会变色,而冷水过一会儿才变色。

实验结论:温度越高,分子运动越剧烈。

3.分子间的作用力

实验器材:吸盘(或细线)、玻璃板、水、大玻璃缸、弹簧测力计。

实验过程:把干净的玻璃板吊在弹簧测力计的下面(用吸盘吸住玻璃板或用细线绑住玻璃板),读出测力计的示数。使玻璃板与水面接触,然后稍稍用力向上拉玻璃板,观察弹簧测力计的示数变化,解释产生这种现象的原因。

实验结论:玻璃分子和水分子之间有引力。

4.热传递改变物体的内能

实验器材:矿泉水瓶(2个)、热水、冷水。

实验过程:用两个矿泉水瓶分别装上热水和冷水,将二者靠在一起,过一会儿热水温度降低冷水温度升高。

实验结论:热传递可以改变物体内能。

5.做功改变物体的内能

实验器材:锥形瓶、带有橡胶管的塞子、打气筒、水。

实验过程:在一个锥形瓶内装少量水,瓶口用一个带有橡胶管的塞子塞紧,然后向瓶内打气,会看到塞子跳出时,瓶内有白雾出现。(如图5-2-8)

实验结论:做功可以改变物体的内能。

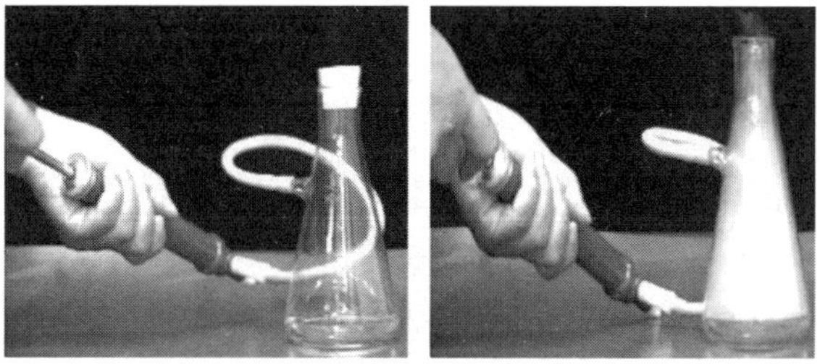

图 5-2-8

6.比较不同物质的吸热能力

实验器材:质量相等的水和食用油,两个完全相同的烧杯,两支温度计,两个完全相同的电加热器。

实验过程:两个相同的烧杯中分别有质量相等的水和食用油,用两个完全相同的电加热器给它们加热。观察发现食用油的温度上升得比水快。

实验结论:说明不同物质吸热的能力是不同的,即食用油的比热容比水的小。

十四、内能的利用

热机原理的实验引入

实验器材:试管、橡皮塞、酒精灯、铁架台、火柴。

实验过程:在试管内装些水,用橡胶塞塞住管口,将水加热一段时间,塞子受到水蒸气的压力而冲出去。(如图 5-2-9)

实验结论:燃料燃烧时产生的热量传给水和水蒸气,水蒸气的内能转化为塞子的动能。

图 5-2-9

十五、电流和电路

1.摩擦起电

实验器材:塑料直尺、丝绸、纸屑、尼龙衣服。

实验过程:用塑料直尺在尼龙衣服、丝绸、头发上摩擦几下,再将直尺靠近纸屑等轻小物体,会看到摩擦过的塑料直尺能吸引轻小物体。

实验结论:用摩擦的方法能使物体带电。

2.电荷间的相互作用实验

实验器材:玻璃棒、橡胶棒、丝绸、毛皮、绝缘支架。

实验过程:用丝绸摩擦一玻璃棒后,放在绝缘支架上,再把另一根用丝绸摩擦过的玻璃棒靠近支架上的玻璃棒,观察到支架上的玻璃棒远离手中的玻璃棒;再把一根用毛皮摩擦过的橡胶棒靠近支架上的玻璃棒,观察到支架上的玻璃棒被实验人员手中的橡胶棒吸引过来。

实验结论:同种电荷相互排斥,异种电荷相互吸引。

3.电荷间的相互作用

实验器材:塑料绳。

实验过程:将塑料绳一端扎紧,把绳尽可能撕成更多的细丝,用手从上向下捋几下观察到细丝散开来,是因为细丝与手摩擦后带上同种电荷而相互排斥。

实验结论:摩擦起电,同种电荷相互排斥。

4.物质的导电性

实验器材:电池、灯泡、导线、金属丝、铅笔芯、塑料直尺。

实验过程:把电池、灯泡、导线连接起来,再依次把金属丝、铅笔芯、塑料直尺分别接入电路。可看到把金属丝或铅笔芯接入电路时,灯亮;将塑料直尺接入电路中时,灯不亮。

实验结论:金属和铅笔芯容易导电,是导体;塑料不容易导电,是绝缘体。

5.导体与绝缘体的转化

实验器材:玻璃珠、干电池、小灯泡、开关、导线、酒精喷灯。

实验过程:

(1)把玻璃珠接入电路中,闭合开关,发现小灯泡不发光。说明玻璃在常温下是绝缘体。

（2）给玻璃珠加热，当玻璃珠加热到红炽状态时，发现小灯泡发光，说明玻璃温度升高后变成了导体。

实验结论：导体与绝缘体之间没有绝对的界限。

6.简单电路演示仪

实验器材：干电池2节、开关一个、导线若干、灯泡一个、纸杯一个。

实验过程：将电池、开关、导线、灯泡、纸杯制成如图5-2-10所示的小台灯。将如图所示电路的开关闭合，小台灯会发光。

实验结论：当由电源、开关、导线和用电器连接起来的电路，形成闭合回路即通路时，用电器正常工作。

图5-2-10

7.串并联电路

实验器材：木板一块、按钮开关4个、4种颜色的LED灯若干、插头一个。

实验过程：将如图5-2-11所示电路的插头插入带电插线板中，闭合开关1"祖"字发光，闭合开关2"国"字发光，闭合开关3"万"字发光，最后闭合第4个开关"岁"字发光。

图5-2-11

实验结论：验证串并联电路特点。

8.串并联电路演示板

实验器材：灯泡4个、导线若干、开关3个。

实验过程：

（1）把两个灯泡串联在如图5-2-12所示电路中，闭合其所在电路的开关，两个灯泡都发光，再取下其中一盏灯泡，发现另一盏灯泡也不发光。

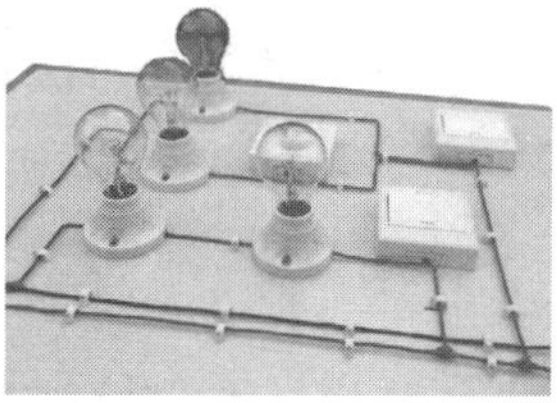

图5-2-12

（2）把两盏灯泡并联在如图5-2-12所示的电路中，闭合干路上的开关，其中一盏灯发光，再闭合支路上的开关，这条支路上的灯泡也发光，断开干路上的开关，发现两盏灯泡都不发光了。

实验结论：串联电路各用电器要相互影响，并联电路各用电器可以独立工作，互不影响，并且并联电路中的总开关可以控制整个电路，支路上的开关只能控制其所在支路。

9.多功能电路演示器

实验器材：开关4个、灯座及灯泡2个、插头一个、导线若干。

实验过程：

（1）将插头插入带电插座中，将灯泡装在灯座中，先闭合干路上的开关S，发现都不发光；再闭合支路上的开关S_1，发现该支路上的灯泡发光；再闭合另一支路上的开关S_2，发现该支路上的灯泡也发光。

（2）断开支路上的开关S_1和S_2，发现两灯泡都熄灭。再闭合开关S_3发现两灯同时发光，取下一盏灯，发现另一盏灯也熄灭。再把取下的灯安装回去，发现两盏灯又同时发光。（如图5-2-13）

图5-2-13

实验结论：串联电路各用电器相互影响，并联电路各用电器可以独立工作，互不影响，并且并联电路中的总开关可以控制整个电路，支路上的开关只能控制其所在支路。

10.探究串联电路中电流的规律

实验器材：电源、导线、开关、小灯泡若干、电流表。

实验过程：先按如图5-2-14所示的电路图连接实物图，把电流表分别接在A、B、C三处，读出电流表的示数。再更换不同规格的灯泡重做上述实验，发现电流表在三处的示数每次都相等。

实验结论：在串联电路中，电流处处相等。

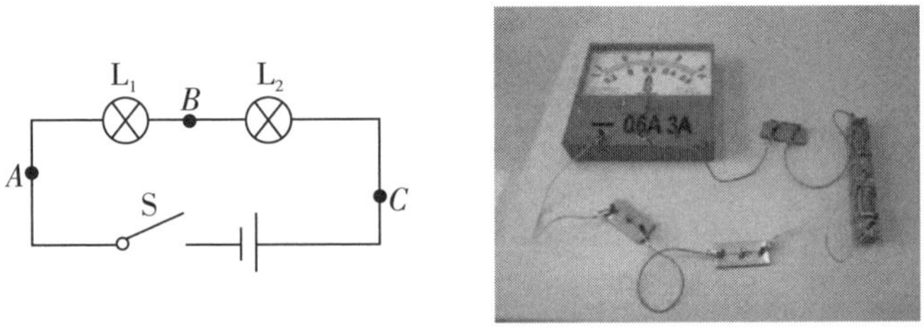

图5-2-14

11.探究并联电路中电流的规律

实验器材：电源、导线、开关、小灯泡若干、电流表。

实验过程：先按如图5-2-15所示的电路图连接实物图，把电流表分别接在*A*、*B*、*C*三处，读出电流表的示数。再更换不同规格的灯泡重做上述实验，发现电流表在三处的示数每次都是*C*处的电流等于*A*、*B*两处的电流之和。

实验结论：在并联电路中，干路上的电流等于各支路的电流之和。

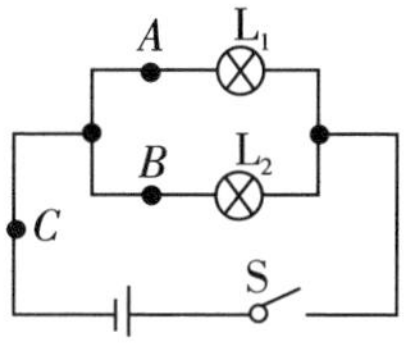

图5-2-15

十六、电压、电阻

1.探究水果电池的电压与什么因素有关

实验器材：铜片、锌片、铝片、铁片、柠檬、电压表、导线、音乐芯片。

实验过程：第一次用铜片和锌片作为电极插入较小的柠檬制成一个水果电池，第二次用铜片和铝片插入较大的柠檬也制成一个水果电池，分别连通相同的音乐芯片，芯片声音响度不一样。由此做出如下猜想。

猜想一：水果电池电压可能与水果的大小有关。

猜想二：水果电池电压可能与电极的材料有关。

(1)为了验证猜想一，先用同一个柠檬制成水果电池，沿着电极插入的方向不断慢慢地切去外侧的部分柠檬，分别测出电压。

(2)为了验证猜想二，用铜片作为电池的正极，分别用外形相同的锌、铝、铁等金属片作为电池的负极，将金属片电极插入柠檬，并保持电极间距离和插入深度相同，分别测出电压。

实验结论：水果电池电压与水果的大小无关，与电极的材料有关。

2.串联电路中电压的规律

实验器材：电源、导线、开关、小灯泡若干、电压表。

实验过程：根据如图5-2-16所示电路图连接实物图，用电压表分别测出两个灯泡两端电压及串联电路两端的总电压的值U_1、U_2、U，更换不同规格的灯泡多次实验，得到的数据记录下来。

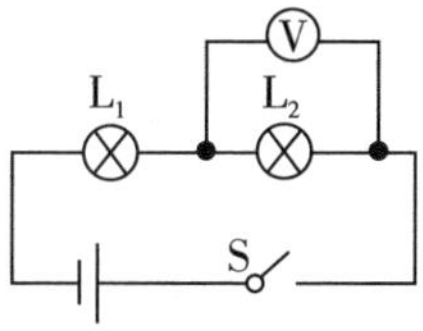

图5-2-16

实验结论：在串联电路中电源电压等于各部分用电器两端的电压之和。

3.影响导体电阻大小的因素

实验器材：镍铬合金丝三根、锰钢合金丝一根、电源、开关、导线、小灯泡、电流表。

实验过程：用如图5-2-17所示的器材进行实验，其中①②④是镍铬合金丝，③是锰钢合金丝，①②③长度相同，①③④横截面积相同。

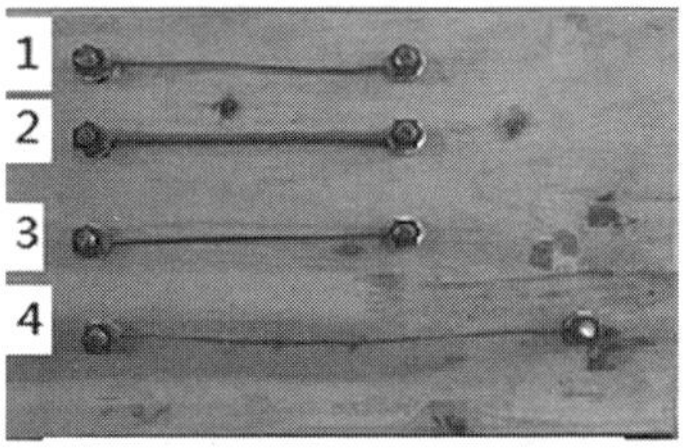

图5-2-17

实验中，在对应的左右接线柱接上不同的导体，闭合开关后通过观察灯泡的亮度和电流表的示数来比较导体的电阻大小。

为了验证导体与长度、横截面积、材料的关系，应分别选用编号为①④的两根金属丝、①②两根金属丝和①③两根金属丝分别接入电路进行实验。

实验结论：导体的电阻与导体的材料、长度和横截面积有关。当导体的材料和长度一定时，导体的横截面积越大的电阻越小；当导体的材料和横截面积一定时，导体长度越大的电阻越大。

4.滑动变阻器原理

实验器材：电源、小灯泡、开关、导线、铅笔。

实验过程：将铅笔的木材劈开露出铅笔芯，将铅笔芯的两端分别连入电路，这时灯泡发光。调节其中一端线头在铅笔芯上的位置，即改变铅笔芯接入电路的长度，可以观察到：减小铅笔芯接入电路的长度，灯泡变亮；增加铅笔芯接入电路中的长度，灯泡变暗。

实验结论：说明导体电阻的大小与导体的长度有关，这也是滑动变阻器的工作原理。

十七、欧姆定律实验案例

1.探究电流与电阻的关系

实验器材：电源、开关、导线、定值电阻若干、电流表、电压表、滑动变阻器。

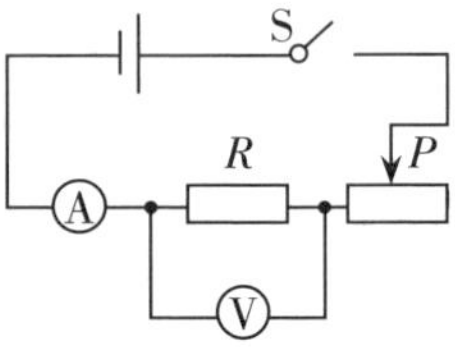

图5-2-18

实验过程：按照如图5-2-18所示电路图连接实物图，闭合开关后，移动滑片，使与电阻（20 Ω）并联的电压表示数为4 V，读出电流表示数。再分别改接15 Ω、10 Ω的电阻，重复上述实验，将收集的实验数据记录下来。

实验结论：电压一定时，导体中的电流跟导体的电阻成反比。

2.探究电流与电压的关系

实验器材：电源、开关、导线、定值电阻、电流表、电压表、滑动变阻器。

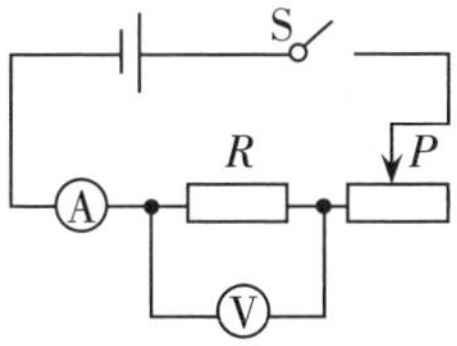

图5-12-19

实验过程：按照如图5-2-19所示电路将阻值为10 Ω的电阻连接实物图，闭合开关后，移动滑片，将收集的实验数据记录下来。

实验结论：电阻一定时，导体中的电流跟导体两端的电压成正比。

3.伏安法测小灯泡电阻

实验器材：电源、导线、开关、小灯泡、滑动变阻器、电压表、电流表。

实验过程：按照如图5-2-20所示电路图连接实验电路，移动滑动变阻器的滑片，记录多组小灯泡两端电压及对应的通过小灯泡的电流值，根据这些数据在坐标纸上绘制出通过小灯泡的电流随其两端电压变化的图像。

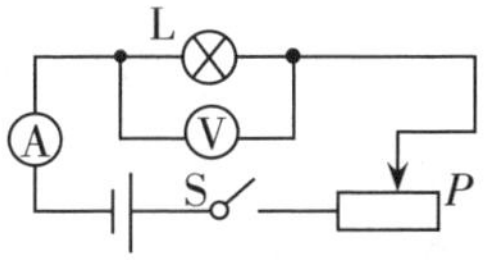

图5-2-20

实验结论：灯泡的电阻不是一个定值，会随着温度的升高而升高。

十八、电功率

1.伏安法测量小灯泡的电功率

实验器材：待测小灯泡（3.8 V）、电流表（0～0.6 A～3 A）和电压表（0～3 V～15 V）各一个、滑动变阻器一个（最大阻值20 Ω）、电源（最大输出电压6 V）、开关以及导线若干。

实验过程：

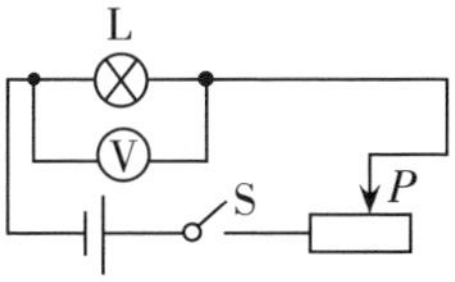

图5-2-21

（1）根据实验原理图（如图5-2-21）连接实验器材。

（2）检查：开关是断开的，滑片位于阻值最大端，电流表和电压表的正负接线柱接线正确。

(3)试触后,若电路无异常,则闭合开关。

(4)移动滑动变阻器的滑片,观察电流表和电压表的指针偏转范围,观察小灯泡的亮度变化情况。

(5)移动滑动变阻器的滑片,使电压表读数为3.8 V,观察电流表的指针位置,记录下来。

(6)移动滑动变阻器的滑片,使电压表读数低于额定电压(3.0 V),观察电流表的指针位置,记录下来。

(7)移动滑动变阻器的滑片,使电压表读数高于额定电压(4.5 V),观察电流表的指针位置,记录下来。

实验结论:当灯泡的实验电压小于额定电压,实际电功率也小于额定电功率;当灯泡的实验电压等于额定电压,实际电功率也等于额定电功率;当灯泡的实验电压大于额定电压,实际电功率也大于额定电功率。

2.探究电流通过导体产生的热量与哪些因素有关

实验器材:装有红色液体的U形管、5 Ω电阻一个、10 Ω电阻3个、电源、开关、导线、密闭的容器2个。

实验过程:如图5-2-22所示,接通电路,观察U形管两液面的高度差。发现图5-2-22甲接入电路时,右边的U型管两液面的高度差大于左边;发现图5-2-22乙接入电路时,左边的U形管两液面的高度差大于右边;通电时间越长,高度差越明显。

实验结论:通过导体的电流产生的热量与电流、电阻、通电时间有关。

甲　　乙

图5-2-22

3.演示熔丝在电路中的作用

实验器材:铜丝、熔丝。

实验过程:将铜丝和熔丝串联接入照明电路中,闭合开关观察铜丝和熔丝的熔断情况，就可以说明熔丝在电路中的作用。

实验结论：熔丝在电路中的作用是在关键时刻切断电路，从而起到保护电路的作用。

十九、生活用电

探究家庭电路中电流过大的原因

实验器材：不同功率的灯泡4个、开关6个、电流表一个、导线若干、保险丝2根、铁丝一根、镍铬合金丝一根、铜丝一根、插头一个。

实验过程：

（1）将电路如图5-2-23连接好。先将干路上的开关闭合，再闭合其中一个支路开关，观察电流表的示数，再闭合一个支路开关，再观察电流表的示数，依次闭合开关，重复上述操作，发现每闭合一个开关，多一盏灯泡工作，电流表的示数都会变大。当闭合完并联电路中所有用电器的开关时，保险丝烧断了，所有灯泡熄灭。

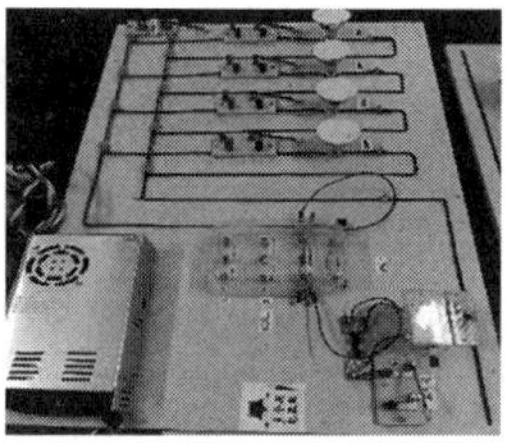

图5-2-23

（2）重新接入保险丝，将干路上的开关闭合，只闭合支路上的一个开关使其中一盏灯工作，再闭合火线和零线相连的开关，发现电流表示数瞬间变大，保险丝烧断，灯泡熄灭。

实验结论：家庭电路中电流过大的原因一是用电器的总功率过大，二是发生了短路现象。

二十、电磁学

1.磁化现象

实验器材：磁铁、钢锯条、小图钉。

实验过程：把钢锯条靠近小图钉，小图钉没有被吸引起来。用磁铁的一端朝一个方向摩擦钢锯条，然后把钢锯条靠近小图钉，观察到小图钉被钢锯条吸引。

实验结论：钢锯条被磁铁磁化了，具有了磁性。

2.条形磁铁周围的磁场

实验器材：条形磁铁一根、细铁屑、小磁针若干。

实验过程：

（1）在磁铁周围均匀撒许多细铁屑，细铁屑被磁化后相当于一个个小磁针，其排列情况如图5-2-24甲所示。

（2）把小磁针放在条形磁体周围，观察到的现象如图5-2-24乙所示。

实验结论：条形磁铁周围的磁场两头强，中间弱，在磁体外部磁感线是从N极出发回到S极。

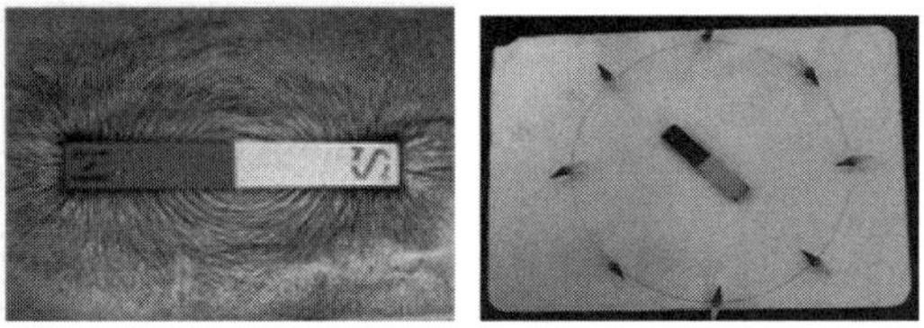

甲　　乙

图5-2-24

3.磁极间的相互作用

实验器材：条形磁体2根、细线、铁架台。

实验过程：把一根条形磁体用细线吊在铁架台上，用另一根条形磁体的S极靠近它的S极，发现S极被排斥；用另一根条形磁体S极去靠近它的N极，发现N极被吸引。

实验结论：同名磁极相互排斥，异名磁极相互吸引。

4.通电导体周围存在磁场

实验器材：电源、导线、小磁针。

实验过程：如图5-2-25在磁针上面有一条导线，当直导线触接电源通电时，可以看到小磁针沿顺时针方向偏转；改变电流方向，又能看到小磁针沿逆时针方向偏转。

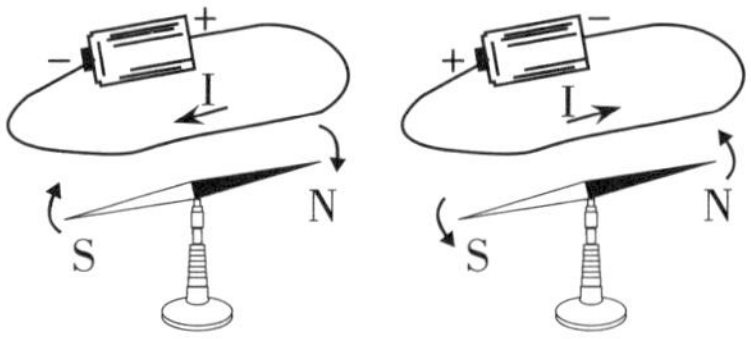

图5-2-25

实验结论：通电导体周围存在磁场，磁场的方向与电流方向有关。

5.通电螺线管的磁场分布

实验器材：小磁针多个、螺线管、电源、导线、开关。

实验过程：把小磁针放到螺线管四周不同位置，螺线管通电后记录小磁针正极的方向，这个方向就是该点的磁场方向。

实验结论:通电螺线管外部的磁场与条形磁体的磁场相似。如果把通电螺线管看作一个磁体,通电螺线管的磁场方向跟电流方向之间的关系,可以用安培定则来表述,即用右手握住螺线管,让四指指向螺线管中电流方向,则拇指所指的那端就是螺线管的N极。

主要参考文献

[1]周勇.教育叙事研究的理论追求——华东师范大学丁钢教授访谈[J].教育发展研究,2004(9).

[2]邵军.教学叙事:距离教师专业自主发展还有多远——对当前农村小学教师教学叙事“失真”问题的分析与思考[J].教育科学论坛,2010(8).

[3]文亭.写好教育叙事,促进教师专业成长[J].基础教育研究,2009(11).

[4]李建刚,赵红果.叙事研究:青年教师教育科研的切入点[J].教育理论与实践,2006(24).

[5]杨捷.教育叙事:培养教师教育研究的契机[J].教育科学,2006,22(1).

[6]沈俊妮,周延怀.美国高中物理教材的学生实验分析与借鉴[J].教育学报,2004(12).

[7]余伟.创新能力培养与应用教程[M].北京:航空工业出版社,2004.

[8]黄英奇,蔡嘉灿.重视物理低成本实验在创新教育中的作用[J].泉州师范学院学报,2002,20(6).

[9]郭玉英.物理比较教育[M].南宁:广西教育出版社,2006.

[10]中国教育学会物理教学专业委员会.学习朱正元先生的教育思想,推进物理素质教育——纪念朱正元先生诞辰100周年[J].物理教师,2000(12).

[11]张伟,郭玉英,刘炳升.非常规物理实验:有待深入开发的重要物理课程资源[J].物理教师,2005(9).

[12]雷庆,徐斌全,宋树平,等.农村中学开发低成本物理实验的研究[J].内蒙古师范大学学报(教育科学版),2008,21(2).

[13]黄英奇.新课程理念下低成本实验的研讨[J].物理教学探讨,2004(6).

[14]高守贵.幼儿师范物理低成本实验的设计与实践[D].安徽师范大学,2005.